Das große BASTEL BUCH für Mädchen

INHALT

TIPPS & TRICKS ZUM BASTELN

BEVOR ES LOSGEHT

Decke deine Arbeitsfläche immer gut mit Zeitungen oder einer Wachs-tuchdecke ab und schütze auch deine Kleidung mit einem Malerkittel oder einem alten Hemd. Leg dir immer schon alle Materialien und Hilfsmittel zurecht, bevor du anfängst zu basteln. Auch alte Lappen oder Küchenpapier solltest du griffbereit haben.

Wichtig: Viele der Bastelideen kannst du allein umsetzen, aber manch-mal solltest du dir besser von einem Erwachsenen holen, besonders, wenn Messer oder Backofen ins Spiel kommen!

DEINE GRUNDAUSSTATTUNG

Diese Materialien und Hilfsmittel brauchst du für fast alle Bastelarbeiten:
- festes Transparentpapier, Bleistift, Grafitpapier, Klebefilm und Kugelschreiber für Schablonen und zum Übertragen von Vorlagen
- Prickelnadel zum Stechen von Löchern
- Anspitzer und Radiergummi
- Nadel und Nähgarn zum Anbringen von Aufhängungen
- Wattestäbchen für Punkte und Korrekturen
- Borsten- und Haarpinsel zum Malen
- Schaschlikstäbchen helfen beim Bemalen, Kleben und Kringeln von Papier und Draht
- Buntstifte, Filzstifte (wenn du auf Holz oder ähnlichen Materialien malst, sollten die Filzstifte wasserfest sein) und weißer Lackmalstift zum Zeichnen der Gesichter und zum Malen von Mustern
- Lineal, Geometriedreieck zum Messen und Zeichnen
- Bastelschere und Nagelschere (für kleine Formen und Rundungen)
- Alleskleber und Klebestift kleben fast alles, Abstandsklebekissen kleben auf beiden Seiten und sorgen für einen kleinen Abstand zwischen den zusammengeklebten Teilen, evtl. Heißklebepistole

GESTALTEN MIT FARBE

Acryl-, Dispersions- oder Temperafarbe eignen sich für Papier, Karton und Holz. Die Farben bekommst du in verschiedenen Größen, sie lassen sich gut mischen, und sie geben keine schädlichen Dämpfe ab. Du solltest aber trotzdem auf gar keinen Fall daran lecken, da das ungesund ist!

BASTELN MIT PAPIER

Vorlagen übertragen

1 Nimm einen Bogen Transparentpapier oder dünnes Malpapier, lege es auf die Vorlage und fahre die Linien einfach mit einem Bleistift nach.

2 Das Transparentpapier kannst du nun ausschneiden und auf das jeweilige Material legen. Für festere Schablonen klebst du das Transparentpapier nochmal auf Karton. Wenn du diese Schablone nun mit einem Bleistift oder Filzstift umfährst, hast du die Vorlage schon übertragen.

3 Nun kannst du das Motiv mit der Schere ausschneiden.

Tipp: Manchmal ist es sinnvoll, die Vorlage direkt auf deine Bastelarbeit zu übertragen. Gehe dazu wie unter Punkt 1 beschrieben vor, wende das Transparentpapier und ziehe die Linien auf der Rückseite mit Bleistift nach. Das Transparentpapier wieder wenden, auf Tonpapier oder -karton legen und alle Linien mit hartem Bleistift nachzeichnen.

PAPPMASCHEE

1 Zerreiße das Zeitungs- oder Seidenpapier in kleine Stücke, ca. 4 cm x 4 cm groß. Streiche dann die Form, die du bekleben möchtest, dick mit Tapetenkleister ein und klebe die Zeitungspapierschnipsel leicht überlappend auf. Trage nach jeder Schicht neuen Kleister auf bis du ca. 3 bis 4 Lagen hast. Nun alles glattstreichen und trocknen lassen.

2 Jetzt kannst du die Motivteile aus Fotokarton ausschneiden. Knicke eine Klebekante nach hinten und klebe sie fest. Zum Kleben kannst du Alleskleber, eine Heißklebepistole oder Malerkrepp verwenden. Jetzt kannst du Wattekugeln für die Augen und Toilettenpapierröllchen als Körperdekor hinzufügen.

3 Unebenheiten kannst du mit Pulpe ausgleichen, einem feinen Brei aus Kleister und Toilettenpapier.

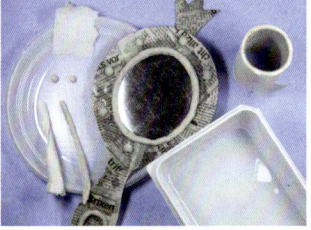

4 Ist dein Objekt getrocknet, kannst du es weiß grundieren und anschließend bemalen.

BASTELN MIT MODELLIERMASSEN

Es gibt zwei verschiedene Arten von Modelliermassen: an der Luft trocknende sowie Massen, die im Ofen gehärtet werden müssen, wie z. B. Fimo®.

Was du sonst noch brauchst? Vor allem geschickte Finger. Manchmal kann auch ein Küchenmesser, Plätzchenausstecher oder ein Zahnstocher hilfreich sein. Im Bastelladen gibt es auch spezielle Modellierwerkzeuge.

Farbige Modelliermassen kannst du so lange durchkneten, bis sich die Farben vermischen. Einen Marmoreffekt bekommst du, wenn du die Knetstränge miteinander verzwirbelst. Aus langen Strängen kannst du ganze Musterwürste legen und diese dann scheibchenweise oder zu Kugeln gerollt verwenden.

BASTELN MIT ROCAILLES-PERLEN

Das brauchst du

- Spezial-Perlenfädeldraht, ø 0,3 mm
- Rocailles in verschiedenen Größen und Farben
- Pinzette
- Seitenschneider
- Zange

Rocailles auf Draht aufziehen

1 Fixiere die 1. Perlenreihe auf dem Spezial-Perlenfädeldraht. Dazu ziehst du die 1. Perlenreihe (oder die erste Perle) auf den Draht auf und schiebst sie in die Mitte. Nun nimmst du das Drahtende, das links herausschaut und fädelst es nochmals von rechts nach links durch, sodass sich die Drähte kreuzen. Die 1. Perlenreihe ist jetzt fixiert und kann nicht mehr verrutschen.

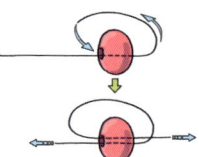

2 Nun fädelst du die 2. Perlenreihe. Zieh die Perlen nach der Zählvorlage auf das rechte Drahtende auf und ziehe das linke Drahtende entgegengesetzt durch die Perlen hindurch. So kann auch die 2. Perlenreihe nicht mehr verrutschen. Die folgenden Perlenreihen arbeitest du genauso. Lege die einzelnen Reihen dabei flach aneinander und achte drauf, dass sie möglichst gerade sind.

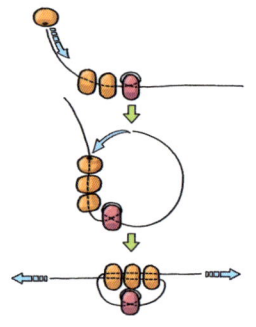

Sichern der Drahtenden

Es gibt 3 verschiedene Möglichkeiten, um die Drahtenden zu verarbeiten.

1 Endet deine Fädelarbeit mit einer breiten Perlenreihe, so ist es am besten, wenn du das rechte Drahtende nochmals durch die letzte Perlenreihe ziehst. Überspringe dabei die 1. Perle am Rand. Nun sind beide Drahtenden auf der linken Seite.
Jetzt kannst du die Drahtenden miteinander verdrehen und mit dem Seitenschneider abschneiden.

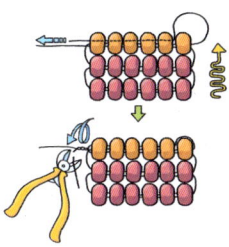

2 Wenn du z. B. die Füße einer Figur mit den überstehenden Drahtenden des Körpers fädelst, ist es am besten, wenn du die Drahtenden anschließend einzeln sicherst. Dazu fädelst du die Drahtenden auf der jeweiligen Seite mehrmals durch die letzte seitliche Drahtschlaufe des Körpers und schneidest sie dann mit dem Seitenschneider ab. Du kannst so auch nur 2 cm lange Drahtenden sichern.

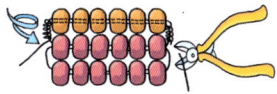

3 Endet deine Fädelarbeit mit einer sehr kurzen Perlenreihe oder nur mit einer einzelnen Perle – z. B. bei Armen oder Händen – so kannst du die Drahtenden einfach zusammenführen, miteinander verdrehen und anschließend mit dem Seitenschneider abschneiden.

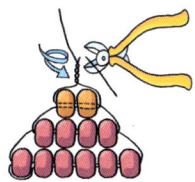

Tipp: Achte darauf, dass der Draht keine Schlaufen bildet. Daraus entstehen beim Anziehen des Drahtes Knicke, an denen der Draht dann leicht brechen kann.

BASTELN MIT BÜGELPERLEN

Das brauchst du

- Bügelperlen
- Steckplatten für Bügelperlen in verschieden Formen und Größen
- Back- oder Butterbrotpapier
- Bügeleisen

Und so geht's

1 Stecke die Bügelperlen gemäß der Vorlage auf die Steckplatte.

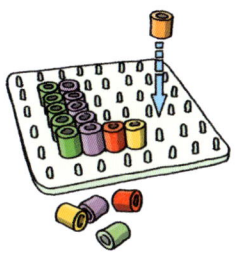

2 Nun legst du Butterbrotpapier oder Backpapier auf dein Steckmotiv.

3 Danach bügelst du mit dem Bügeleisen bei niedrigster Temperatur gleichmäßig über die Perlen bzw. das Backpapier. Bügle solange, bis die Perlen unter dem Papier verschmolzen sind – das kannst du durch das dünne Papier recht gut erkennen.

4 Stelle das Bügeleisen wieder aus und drehe dann die Steckplatte mit dem Papier um, sodass die Steckplatte oben und das Papier unten liegt, so wird dein Motiv nicht wellig. Lass dein Steckmotiv auskühlen (Vorsicht, die Perlen sind jetzt sehr heiß!) und löse es anschließend vorsichtig von der Platte.

POMPONS WICKELN

Du hast verschiedene Möglichkeiten, einen Pompon zu wickeln – zum Beispiel mit Pomponsets aus Plastik, mit selbst gemachten Schablonen aus Pappe oder mit einem Bleistift.

Wickeln mit dem Pomponset

1 Leg die vier Steckteile paarweise Rücken an Rücken und umwickle sie nacheinander mit der gewünschten Wolle.

2 Steck die umwickelten Teile zusammen, sodass ein Ring entsteht. Jetzt schneidest du mit der Schere ringsum die Wolle auf.

3 Leg ein Stück Wolle in den schmalen Spalt zwischen den Steckteilen und mach einen festen Knoten. Du bindest den Pompon damit ab.

4 Entferne die Steckteile und schneide den Pompon in die Form und die Größe, die er haben soll.

Wickeln mit Pappschablonen

1 Mit der Vorlage auf dieser Seite (siehe Seite 9 oben rechts) kannst du zwei Pappschablonen anfertigen, die genau gleich aussehen.

2 Leg die Schablonen aufeinander und umwickele sie mit Wolle. Dazu fädelst du am besten einen langen Wollfaden in eine dicke Stopfnadel und windest sie wie auf dem Bild in festen Schlingen um die Pappringe.

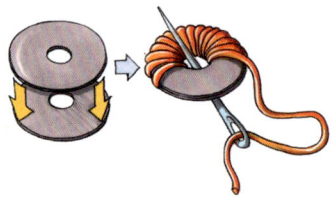

3 Wenn das Loch in der Mitte der Pappschablonen ausgefüllt ist, schneidest du die Wolle ringsum mit der Schere auf und bindest sie zwischen den Pappringen mit einem Wollfaden ab. Jetzt reißt du die Pappschablonen ein und entfernst sie, dann schneidest du den Pompon in die passende Form.

Wickeln mit dem Bleistift

Mit Klebefilmstreifen klebst du einen ca. 30 cm langen, reißfesten Wollfaden rechts und links an einem Bleistift fest. Dann wickelst du die Wolle um den Bleistift zu einem dicken Knäuel. Wenn das Knäuel die gewünschte Größe hat, entfernst du die Klebefilmstreifen und streifst die Wolle samt Wollfaden vom Bleistift ab. Jetzt bindest du die Wolle mit dem Wollfaden ab. Zum Schluss schneidest du die Fäden an der gegenüberliegenden Seite auf und schneidest sie danach in die passende Form.

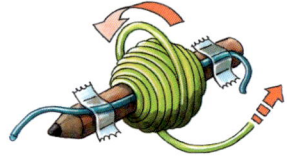

Bunte Pompons wickeln

Einige Tiere haben bunt gemusterte oder zweifarbige Körper. Diese werden auf unterschiedliche Weise gefertigt:

1 Bunt melierte Pompons entstehen, wenn du verschiedenfarbige Wollfäden gleichzeitig um die Schablonen wickelst.

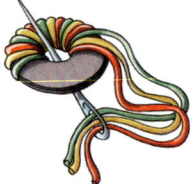

2 Zweifarbige Pompons bekommst du, indem du beide Hälften der Pompons in verschiedenen Farben wickelst.

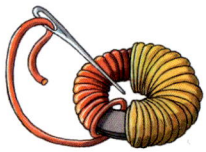

KLEINE NÄHARBEITEN

1 Mit dem Vorstich (Heftstich) lassen sich Motivteile verbinden. Er ist der einfachste Stich. Mache einen Knoten in das Fadenende, stich mit der Nadel durch den Filz nach unten und im gleichen Abstand wieder nach oben.

Vorstich

2 Die Randeinfassung stickst du im Schlingstich. Er wird immer von innen nach außen gestickt. Die Schlinge entsteht, indem du die Nadel beim Anziehen des Fadens über das Stickgarn legst.

Schlingenstich

3 Haare und Mund machst du mit dem Stielstich. Am einfachsten stickst du sie bereits vor dem Zusammennähen der Tasche auf, dann nähst du nicht versehentlich die Rückseite mit fest.

Stielstich

BASTELN MIT RECYCLINGSACHEN

Aus Joghurtbechern, Eierkartons, Käseschachteln, Korken, Flaschendeckeln und anderen Recyclingmaterialien lassen sich hübsche Dinge basteln. Achte aber darauf, dass sie sauber sind, bevor du sie verwendest. Durchs Spülen wird alles entfernt, was dich krank machen kann, und die Kunstwerke riechen später nicht. An scharfen Kanten kannst du dich verletzen. Bitte deshalb einen Erwachsenen, sie evtl. mit Schleifpapier abzuschmirgeln, bevor du mit diesem Material bastelst.

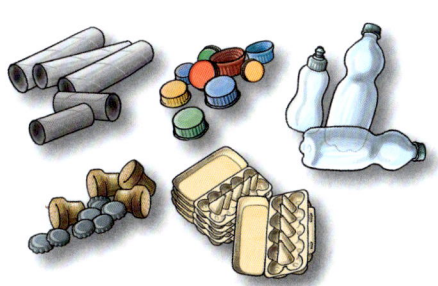

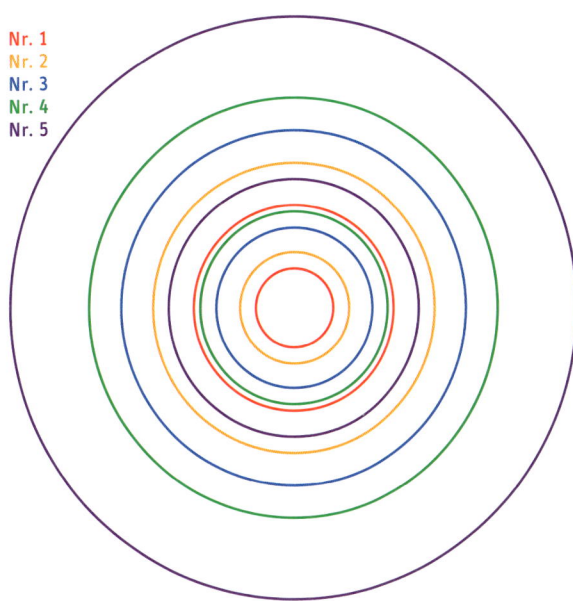

Nr. 1
Nr. 2
Nr. 3
Nr. 4
Nr. 5

BASTELN MIT NATURSCHÄTZEN

Die Natur ist voller Kostbarkeiten! Leg dir am besten einen kleinen Vorrat an Steinen, Ästen, Muscheln oder Zapfen an. Blätter presst du in einem Katalog oder im Telefonbuch.

Mit einem Taschenmesser kannst du tolle Formen in Äste schnitzen. Führe dabei das Messer immer von dir weg und achte bei jeder Kerbe darauf, dass kein Finger im Weg ist. Große Äste, Pfähle oder Bretter müssen manchmal erst gesägt werden. Spanne dazu das Holzstück mit einer Schraubzwinge fest und markiere die Sägestelle mit Bleistift. Dann sägst du langsam mit geraden Bewegungen. Aber Achtung, lass dir beim Sägen von einem Erwachsenen helfen.

HINWEIS FÜR DICH

Die Bastelideen in diesem Buch sind in drei Schwierigkeitsgrade unterteilt:

für Bastelanfänger

für fortgeschrittene Bastler

für Bastelprofis

SOMMERSCHMUCK

bringt Ferienlaune

DAS BRAUCHST DU

Für die langen Ketten
- 6 Trinkhalme in Pink, Hellgrün, Orange und Gelb, ø 5 mm, 21 cm lang
- je 10 Holzperlen in Gelb und Pink, ø 1 cm
- 20 Holzperlen in Orange, ø 4 mm
- Gummiband in Weiß, ø 1 mm, 1 m lang

Für die kurze Kette
- 10 Trinkhalme in Pink, Hellgrün, Orange und Gelb, ø 5 mm, 21 cm lang
- 50 Holzperlen in Orange, ø 4 mm
- Gummiband in Weiß, ø 1 mm, 1 m lang

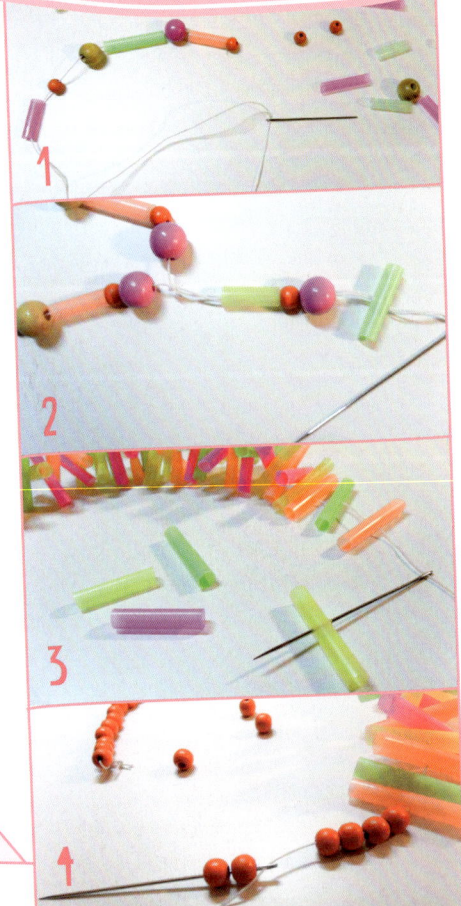

LANGE KETTE

1 Schneide sechs bunte Trinkhalme in verschieden große Stücke von 2–3 cm Länge. Fädle die Stücke zusammen mit den Holzperlen in unregelmäßiger Reihenfolge auf das Gummiband.

2 Knote die Enden des Gummibands zusammen, sodass jeweils ein ca. 10 cm langes Stück nach dem Knoten übrig ist. Hierauf nochmal einige Perlen und Trinkhalmstücke aufziehen. Du kannst auch den Trinkhalm mit der Nadel durchstechen. Verknote die Enden des Gummibands, nachdem du die letzte Perle aufgezogen hast.

KURZE KETTE

1 Schneide zehn bunte Trinkhalme in verschieden große Stücke von 2,5–3 cm Länge. Fädle die Stücke auf das Gummiband auf, indem du die Trinkhalmstücke in der Mitte mit einer Nadel durchstichst.

2 Hast du ca. 12 cm des Gummibands mit Trinkhalmen bestückt, schiebst du sie in die Mitte des Gummibands. Fädle orangefarbenen Perlen (ø 4 mm) auf beide Enden des Bands auf, bis die Kette fast voll ist. Die Enden des Gummibands fest miteinander verknoten und abschneiden.

Tipp
Auf die gleiche Weise
kannst du dir auch witzige
Armbänder anfertigen –
und ab geht's in den
Sommerurlaub!

BLUMEN TRÄUME

Ohrringe und Fingerring

DAS BRAUCHST DU

- 3 Satinkordeln in Bunt, ø 2 mm, 40 cm lang
- 3 selbstklebende Schmucksteine in Pink, ø 5 mm
- Ringrohling
- 2 Ohrcliprohlinge

1 Lege eine Schlinge. Lege leicht nach rechts versetzt dieselbe Schlinge noch einmal auf die Schlinge. Führe das rechte Schnurende über die rechte Schnur, unter der danebenliegenden Schnur hindurch und wieder über die nächste Schnur und unter der äußersten Schnur hindurch.

2 In der nächsten Runde gehst du wieder über die erste Schnur und unter den beiden nächsten Schnüren hindurch. Den Glücksknoten gleichmäßig flach festziehen, sodass eine Blüte daraus entsteht. Die Enden der Schnur auf der Rückseite festkleben.

3 Den flachen Knoten auf den Ring- oder Ohrringrohling kleben. Zum Schluss den Schmuckstein in der Blütenmitte festkleben.

1 2a 2b 3

MUSCHEL SCHMUCK

Hörst du das Meer rauschen?

DAS BRAUCHST DU

- Muscheln und Schneckenhäuser in verschiedenen Größen
- Wachsperlen in Weiß, 1x ø 8 mm und 3x ø 5 mm
- Lederband in Hell-, Mittel- und Dunkelbraun, mittlere Stärke, 1 m lang
- Fimo®-Rest in Braun
- 2 Ohrringrohlinge in Gold, 2 cm lang
- Blumendraht, ø 1 mm, 1 m lang
- Draht in Gold, ø 0,4 mm, 1 m lang

KETTE

1 Biege eine Schlaufe aus dem goldfarbenen Draht und verdrehe die Enden des Drahts miteinander. Lege die Schlaufe oben an der Muschel an und führe den Draht nach unten. Umwickle die Muschel nun von unten nach oben gleichmäßig mit Draht. Du kannst nach Belieben Perlen zwischendurch auffädeln und mit einwickeln.

2 Schneide den Draht ab und wickle das Ende um die Schlaufe. Führe ein Lederband durch die Schlaufe. Die gewünschte Länge der Kette abmessen und die Enden des Lederbands miteinander verknoten.

BUNTE BROSCHEN

für ein tolles Outfit

DAS BRAUCHST DU

- Kronkorken
- Glanzlack in Weiß, Gelb, Rot, Grün, Blau, Schwarz und Flieder
- Wellpapperest in Weiß
- Broschennadeln, 1,9 cm lang
- Paillettensterne, ø 0,5 und ø 1 cm
- Rocailles in verschiedenen Farben, transparent, ø 2 mm
- Faden in Weiß
- Wattestäbchen

Vorlage Seite 101

1 Die Kronkorken weiß grundieren und die Farbe trocknen lassen. Bemale die Kronkorken wie abgebildet mit verschiedenen Farben. Befestige zwei Wellpappekreise auf der Rückseite der Kronkorken und klebe eine Broschennadel auf.

2 Setze die Sterne in die nasse Farbe und bemale den Rand fliederfarben. Die Punkte auf der Blütenbrosche trägst du mit einem Wattestäbchen auf. Fädle für die Brosche mit Perlen 35 Rocailles auf. Zu einem Kreis zusammenbinden und auf die Brosche kleben. Der innere Kreis auf der Brosche besteht aus 10 Rocailles. Für die Perlenstränge knotest du jeweils eine Perle fest und fädelst die übrigen Perlen auf (2x 17 Perlen, 1x 18 Perlen). Die Fäden zusammenknoten und auf der Rückseite ankleben. Den Smiley mit Wattestäbchen und Pinsel bemalen, die Punkte beim Marienkäfer mit einem Pinselstiel aufsetzen.

LUSTIGE ARMBÄNDER

machen gute Laune!

1 Ordne die Knöpfe so an, wie sie später auf dem Band angenäht werden sollen. Es sollten nicht mehr als drei Knöpfe übereinander liegen. Falte das Lederband zur Hälfte. Nähe die erste Knopfkombination mit Garn an, sodass eine Schlinge entsteht, die später über den letzten Knopf des Bands passt. Ziehe den Faden sehr straff, damit die Knöpfe nicht mehr verrutschen. Leichter ist es, wenn du die Knöpfe vor dem Annähen mit dem Stickgarn zusammenbindest und das Garn auf der Rückseite der Knöpfe verknotest.

2 Die weiteren Knopfkombinationen nähst du so an, dass sich die Knöpfe überlappen. Das Lederband soll beim Tragen nicht zwischen den Knöpfen zu sehen sein. Das Armband immer wieder ans Handgelenk anlegen und die Knöpfe evtl. enger zusammenzuschieben.

3 Wenn der letzte Knopf fixiert ist, schlägst die Enden des Lederbands um und bindest sie mit Stickgarn fest. Den Rest auf ca. 2 cm kürzen und festkleben. Zum Schließen des Armbands die Lederschlinge um den letzten Knopf legen.

Tipp

Du kannst das Armband natürlich verschieden lang fertigen – je nachdem, wer es später tragen soll. Dazu gilt diese Formel: Umfang des Handgelenks + 5 cm für die Schlinge + 10–15 cm für den Abschluss.

DAS BRAUCHST DU

- Wildlederband, z. B. in Weiß, 3 mm breit, ca. 50 cm lang
- 8–12 Knöpfe, je nach Bandlänge
- kleinere Knöpfe (zum Verzieren)
- Stickgarn in passenden Farben, pro Knopfkombination ca. 25 cm lang

SCHMUCK IM TRACHTENLOOK

Rausgeputzt für die Wiesn!

Herzschmuck

1 Knete das Fimo® gut durch und rolle es in deinen Händen zu Kugeln. Danach walzt du die Kugeln mit der Teigrolle zu ca. 3 mm starken Platten aus. Jetzt mit den Ausstechern Herzen ausstanzen.

2 Stecke die Holzperlen jeweils auf eine geschlossene, spitze Schere und drücke sie so stark nach unten, bis sich die Perlen in zwei Hälften spalten. Drücke die Perlenhälften innen in die Herzränder. Jeweils mit einer spitzen Schere ein Loch oben in die Kettenanhänger einstechen. Die Herzen nach Herstellerangaben im Backofen härten. Wenn sie

abgekühlt sind, die Herzen beschriften oder mit Mustern verzieren.

3 Ziehe die rot-weiß karierten Bänder durch die Löcher der Kettenanhänger und verknote die Bandenden. Für die Brosche die Broschennadel auf der Rückseite des Herzen festkleben. Schon bist du perfekt gestylt für die Party!

DAS BRAUCHST DU

- Fimo® in Braun
- je 3 Holzperlen in Rot, Gelb und Weiß, ø 4 mm
- 2 Bänder in Rot-Weiß kariert, 7 mm breit, 1 m lang
- Broschennadel
- Band in Rot-Weiß kariert, 2,5 cm breit, 50 cm lang
- Ausstecher „Herz", ø 2,5 cm, 4 cm und 5 cm

HANDY-BLÜMCHEN

echte Hingucker!

Tipp
Natürlich können deine Blümchen
nicht nur dein Handy, sondern
auch Taschen, Federmäppchen
u. Ä. schmücken.

BLUMENZAUBER

1 Ziehe zwölf gelbe Perlen mittig auf einen 60 cm langen Draht auf. Das rechte Drahtende durch die erste Perle des linken Drahtendes fädeln, sodass du einen Ring erhältst.

2 Ziehe die Glas-Großlochradl über beide Drähte und führe ein Drahtende von rechts nach links und das andere von links nach rechts durch die gegenüberliegenden Perlen (siehe dazu Seite 6/7).

3 Auf den rechten Draht zehn bunte Perlen auffädeln. Überspringe eine gelbe Perle des Kreises und ziehe den Draht durch die nächste gelbe Perle. Den Draht durch drei bunte Perlen zurückführen.

4 Es folgen nun sieben bunte Perlen. Weiterfädeln, wie in Schritt 3 beschrieben. Für die nächsten Rundungen der Blume brauchst du nur sieben Perlen. Bist du am Ende angelangt, ziehst du noch vier bunte Perlen auf. Die Enden des Drahtes verdrehen und abschneiden. Zum Schluss den Handyanhänger anbringen.

BLÜTENSPIELEREI

1 Ziehe acht Rocailles mittig auf einen 20 cm langen Nylonfaden auf. Das rechte Fadenende durch die erste Perle des linken Fadenendes ziehen, sodass du einen Ring erhältst.

2 Ziehe eine Indianerperle über beide Fäden. Lege die Indianerperle in die Mitte des Kreises. Führe ein Fadenende von links nach rechts und das andere Fadenende von rechts nach links durch die gegenüberliegenden Perlen (siehe dazu auch Seite 6/7). Ziehe weitere 19 Perlen über beide Fäden.

3 Fertige eine Blume an, die zehn Perlen kürzer ist. Schneide die Fadenenden nicht ab! Um die Blumenanhänger miteinander zu verbinden, die Fadenenden des kürzeren Anhängers durch die letzten drei Perlen des längeren Anhängers ziehen. Ein Fadenende durch die Öse des Handyanhängers führen. Die Fadenenden verknoten und abschneiden.

DAS BRAUCHST DU

Für den Blumenzauber
- Indianerperlen in verschiedenen Farben, ø 4,5 mm
- Glas-Großlochradl in Gelb opak, ø 6 mm
- Perlenfädeldraht, ø 0,3 mm, 60 cm lang
- Handy-Anhänger

Für die Blütenspielerei
- Rocailles in verschiedenen Farben, gelüstert, ø 2,6 mm
- 2 Indianerperlen in Rot, ø 4,5 mm
- Nylonfaden, ø 0,3 mm
- Handy-Anhänger

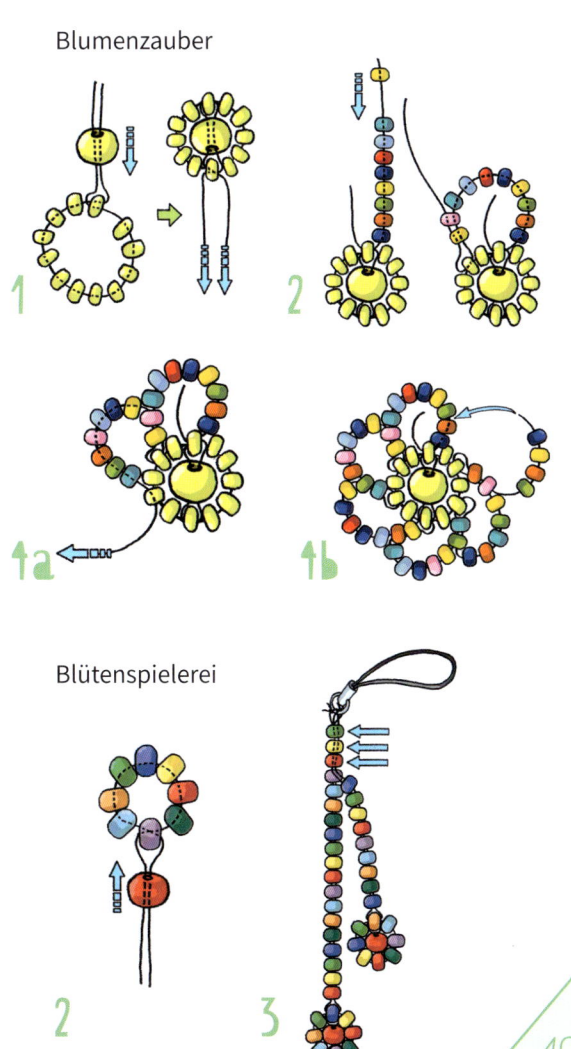

Blumenzauber

Blütenspielerei

PERLENARMBAND

Schmuckes fürs Handgelenk

1 Übertrage das Dreieck von der Vorlage auf einen Kartonrest und schneide es aus. Glätte evtl. das Geschenkpapier. Lege das Dreieck auf das Papier, umfahre es mit Bleistift und schneide es aus.

2 Lege das Dreieck aus Geschenkpapier mit der Spitze nach oben vor dich hin. Streiche es nach und nach mit Klebstift ein und rolle es gleichmäßig von dir weg bis zum Ende fest auf. Beim Aufrollen darauf achten, dass links und rechts der Abstand immer gleich ist.

3 Ziehe die Perlen auf die Nylonschnur auf. Aufgefädelt wird nach diesem Muster: zwei weiße Wachsperlen, eine grüne Holzperle, zwei weiße Wachsperlen, eine Knebelperle usw., bis die gewünschte Länge erreicht ist. Knote die Enden der Nylonschnur fest an die beiden Teile des Ringverschlusses.

Tipp

Solche Knebelperlen kannst du aus allem möglichen Papier machen, das sich gut rollen lässt. Wie wäre es z. B. mit den bunt bedruckten Seiten einer Zeitschrift?

DAS BRAUCHST DU

- Geschenkpapier in Grün und Lila gemustert
- 5 Holzperlen in Grün, ø 8 mm
- 20 Wachsperlen in Perlmutt, ø 5 mm
- Nylonschnur oder Gummifaden, ø 1 mm, ca. 50 cm lang
- Ringverschluss

ORIGINELLE KETTEN

für kleine Damen

DAS BRAUCHST DU

- Holzperlen in Pink, Gelb, Orange, Rot, Schwarz, Weiß, Grün und Blau, ø 6 mm
- altes Spielzeug
- Satinband in Rot und Pink, 5 mm breit, 60 cm lang
- Gummiband in Transparent, ø 0,4 mm, 60 cm lang
- 5 Ringschrauben, 12 mm x 5 mm
- Holzbohrer, ø 2 mm
- evtl. Nähnadel

1 Zuerst bohrst du mit dem Holzbohrer vorsichtig ein kleines Loch in dein Spielzeug. Lass dir dabei von einem Erwachsenen helfen. Du kannst z. B. Plastiktiere oder Holzfiguren dafür verwenden. Hauptsache, das Spielzeug ist nicht zu schwer. Drehe dann die Ringschraube in das Loch, bis fast nur noch der Ring herausragt.

2 Schneide ein 60 cm langes Stück Gummiband ab und mache einen doppelten Knoten in ein Ende. Jetzt fängst du an, deine Perlen aufzufädeln. Nimm dazu evtl. eine Nähnadel. Wenn du die Hälfte der Perlen aufgefädelt hast, fädelst du den Gummifaden durch die Ringschraube. Dann die restlichen Perlen auffädeln.

3 Verknote die beiden Enden des Gummibands gut miteinander. Du kannst auch noch kleine Satinbandstücke um das Gummiband herum zu Schleifen binden.

RINGE

1 Fädle eine Swarovski®-Perle auf die Mitte eines 30 cm langen Drahtes auf. Ziehe auf jedes Drahtende drei Perlen auf. Nun das rechte Drahtende von rechts nach links und das linke Drahtende von links nach rechts durch eine weitere Swarovski®-Perle fädeln. An beiden Drahtenden gleichmäßig ziehen, bis ein Kreis entsteht (siehe dazu auch Seite 6/7).

2 Ziehe erneut auf jedes Drahtende drei Perlen auf und führe beide Drahtenden in entgegengesetzter Richtung durch eine weitere Swarovski®-Perle. Die Drahtenden wieder anziehen, bis ein Kreis entsteht. Dies wiederholst du, bis alle Swarovski®-Perlen aufgebraucht sind.

3 Zum Schluss auf beide Drähte je drei Perlen auffädeln. Das linke Drahtende von links nach rechts und das rechte Drahtende von rechts nach links durch die als Erstes aufgefädelte Swarovski®-Perle ziehen. Zum Schluss beide Drahtenden miteinander verdrehen und abschneiden. Den blauen Ring arbeitest du genauso, nur mit acht Swarovski®-Perlen.

OHRRINGE

1 Ziehe auf einen 15 cm langen Draht acht rosa Perlen, eine Swarovski®-Perle und noch einmal acht rosa Perlen auf. Schließe die Perlen zu einem Kreis, indem du das eine Drahtende von rechts nach links und das andere Drahtende von links nach rechts durch eine weitere Swarovski®-Perle ziehst.

2 Fädle über beide Drahtenden zwei rosa Perlen gemeinsam auf. Führe ein Drahtende durch die Öse des Ohrhakens, verdrehe die Drahtenden miteinander und schneide sie ab.

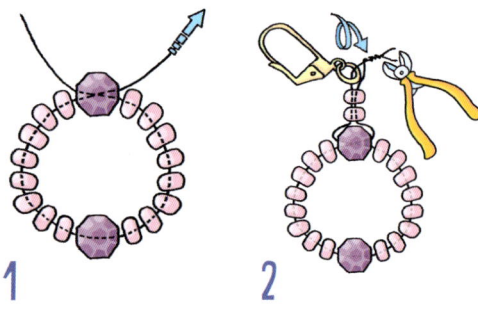

1   2

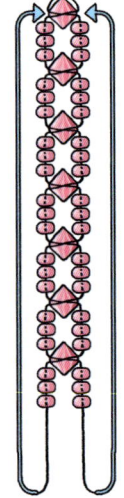

1

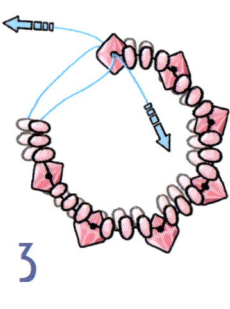

3

DAS BRAUCHST DU

Für den rosa Ring
- Rocailles in Rosa mit Silbereinzug, ø 2,6 mm
- 7 Swarovski®-Kristallschliffperlen in Rosa, ø 4 mm
- Perlenfädeldraht, ø 0,3 mm

Für den blauen Ring
- Rocailles in Blau transparent, ø 2,2 mm
- 8 Swarovski®-Kristallschliffperlen in Blau, ø 4 mm
- Perlenfädeldraht, ø 0,3 mm

Für die Ohrringe
- Rocailles in Rosa mit Silbereinzug, ø 2,2 mm
- 4 Swarovski®-Kristallschliffperlen in Amethyst, ø 6 mm
- Perlenfädeldraht, ø 0,3 mm
- Ohrhaken mit Verschluss

PERLENTRÄUME

betörend schön

HAAR-ZAUBER

mit Schmetterlingen

DAS BRAUCHST DU

- Rocailles in Grün transparent, ø 2,2 mm
- Rocailles in Braun opak, Hellgrün opak, Türkis opak, ø 2,2 mm
- Perlenfädeldraht, ø 0,3 mm
- 2 Haargummis in Weiß

1 Zwei braune Perlen auf einen 50 cm langen Draht aufziehen und in der Drahtmitte fixieren: Dazu die rechte Drahthälfte von links nach rechts durch die Perlen führen. Zwei weitere braune Perlen auf das linke Drahtende aufziehen. Das rechte Drahtende von rechts nach links durch diese Perlen führen. Auf diese Weise noch sieben Perlenreihen fädeln (siehe dazu auch Seite 6/7).

2 Die Fühler des Schmetterlings mit den Drahtenden fädeln. Je Draht sechs Perlen aufziehen. Die erste Perle überspringen und die Drahtenden durch die restlichen braunen Perlen zurückführen. Die Drahtenden verdrehen und abschneiden. Ziehe für die Flügel links und rechts vom Körper jeweils einen 30 cm langen Draht durch die Perlen der 5. und 6. und der 8. und 9. Perlenreihe hindurch.

3 Für den ersten Flügel zwei Perlen auf die linke Drahthälfte aufziehen und die rechte Drahthälfte von rechts nach links durch diese Perlen führen. Den Flügel weiter nach der Vorlage fädeln. Wenn du am Ende angelangt bist, das linke Drahtende durch diese letzten Perlenreihe zurückziehen und dabei eine Perle überspringen. Die Drähte verdrehen und abschneiden. Die anderen drei Flügel arbeitest du genauso. Zum Schluss die Schmetterlinge mit Nylonfaden an deine Haargummis anknoten.

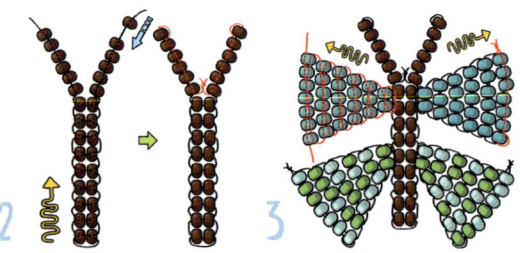

HAARREIF MIT TUPFEN

für kleine Ladys

DAS BRAUCHST DU

- Haarreif in Rot mit weißen Punkten
- Baumwollstoff in Rot mit weißen Punkten, 8 cm x 8 cm
- Baumwollstoff in Weiß mit roten Punkten, 11 cm x 11 cm
- mitteldicke Pappe, 8 cm x 8 cm und 11 cm x 11 cm
- Herzknopf in Weiß, ø 2 cm
- Faden in Rot und Weiß
- Heißkleber

Vorlage Seite 100

1 Übertrage das Motiv von der Vorlage auf den Stoff: Zeichne den großen Kreis auf den weißen Stoff und den kleinen Kreis auf den roten Stoff auf. Schneide beide Kreise aus. Fädle den Faden auf die Nadel und verknote das Ende des Fadens. Nähe mit Vorstichen 5 mm vom Rand entfernt eine Naht einmal im Kreis herum (siehe dazu auch Seite 9). Ziehe die Naht mit dem Faden zusammen, sodass eine Rosette entsteht. Den zweiten Kreis ebenso fertigen.

2 Lege die beiden Rosetten aufeinander und nähe mit weißem Faden einige Male durch ihre Mitte – von unten nach oben und wieder zurück. Stich danach mit demselben Faden von unten nach oben durch ein Loch des Knopfes und durch das andere Loch wieder von oben nach unten durch den Stoff. Wiederhole dies so lange, bis der Knopf hält. Klebe zum Schluss die Rosette mit Heißkleber auf den Haarreif.

Tipp

Die Rosette eignet sich nicht nur als Haarschmuck. Wenn du eine Broschennadel auf die Rückseite nähst, kannst du damit deine Jacke verschönern. Nähst du mehrere Rosetten nebeneinander auf ein Band, hast du eine hübsche Halskette.

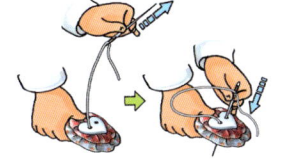

SCHICKE CHARMS

für freche Früchtchen

MELONE

1 Ziehe eine rote Perle auf einen 30 cm langen Draht auf und fixiere sie in der Mitte des Drahtes: Die rechte Drahthälfte erneut von links nach rechts durch die Perle führen. Nun die Perlen nach der Vorlage auffädeln. Hast du die letzte Reihe aufgezogen, überspringst du die erste Perle und ziehst das rechte Drahtende durch die obere Perlenreihe zur linken Seite zurück (siehe dazu auch Seite 6/7).

2 Befestige zum Schluss die Karabinerschließe: Öffne den Ring mit einer Zange, führe ihn zwischen den Perlen hindurch um den Draht herum und schließe ihn wieder.

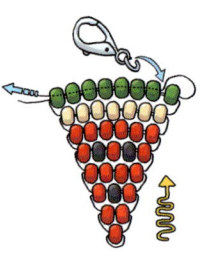

KIRSCHEN

1 Zuerst fädelst du die Kirsche mit dem Stiel aus vier braunen Perlen auf. Dazu zwei rote Perlen in die Mitte eines 25 cm langen Drahtes führen und fixieren, indem du die rechte Drahthälfte erneut von links nach rechts durch die Perle ziehst. Nacheinander zuerst die Kirsche, dann den Stiel und zum Schluss das Blatt fädeln. Die Drahtenden verdrehen und abschneiden.

2 Die zweite Kirsche auch nach der Vorlage fädeln. Nach der 3. braunen Perle die beiden Kirschstiele verbinden, indem du ein Drahtende von rechts nach links und das andere von links nach rechts durch die letzte braune Perle der ersten Kirsche führst. Beide Drahtenden anziehen und das Blatt der zweiten Kirsche fädeln.

3 Zum Schluss befestigst du die Karabinerschließe: Öffne den Ring mit einer Zange, ziehe ihn zwischen Perle und Draht hindurch und schließe ihn wieder.

DAS BRAUCHST DU

Für die Melone
- Rocailles in Grün opak, Beige opak, Rot opak und Schwarz opak, ø 2,6 mm
- Perlenfädeldraht, ø 0,3 mm
- Karabinerschließe mit Ring, 9,5 mm lang

Für die Kirschen
- Rocailles in Rot opak, Braun opak und Grün opak, ø 2,2 mm
- Perlenfädeldraht, ø 0,3 mm
- Karabinerschließe mit Ring, 9,5 mm lang

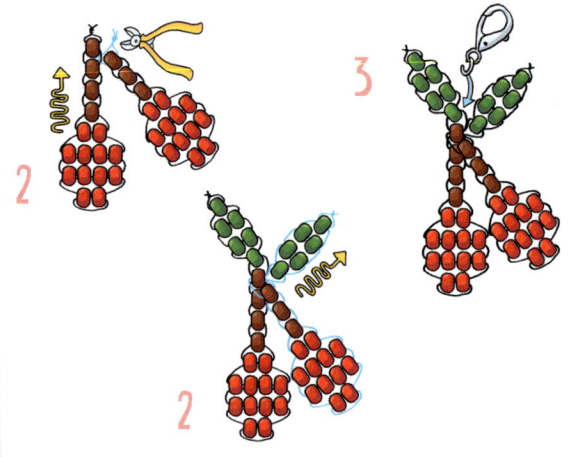

BLUMENBROSCHE

eine Zier für jedes Shirt

1 Übertrage die große Blume von der Vorlage auf den roten Filz und die kleine Blume auf den rosa Filz. Schneide beide Blumen aus und lege die rosa Blume auf die rote Blume.

2 Fädle den Faden in die Nadel und verknote ein Fadenende. Stich die Nadel von unten nach oben durch die Mitte beider Blüten und dann von unten durch das eine Loch im Knopf. Jetzt stichst du die Nadel von oben nach unten durch das zweite Loch im Knopf und wieder durch beide Blumen hindurch nach unten. Verknote die Fadenenden miteinander und schneide sie ab. Klebe die Blume auf eine Broschennadel.

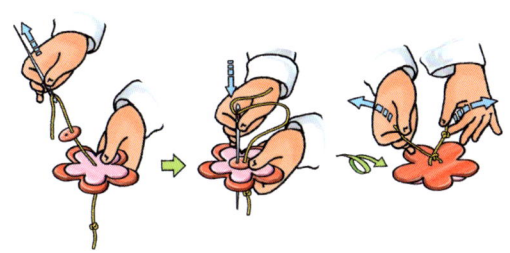

DAS BRAUCHST DU

- Bastelfilzrest in Rot und Rosa
- Knopf in Rosa-Rot gepunktet
- Faden in Rosa
- Broschennadel

Vorlage Seite 101

TÄSCHCHEN

für flotte Mädchen

ROTE TASCHE

1 Schneide die beiden Teile für die Tasche, eines davon gegengleich, zu und klebe sie am Rand aufeinander. Wenn der Klebstoff getrocknet ist, kannst du die Markierungen für die Löcher aufzeichnen und die Löcher mit der Lochzange in die Tasche stanzen.

2 Binde einen dicken Knoten an ein Ende der Kordel. Die Kordel durch die Löcher fädeln und auf der anderen Seite direkt an der Tasche verknoten. Moosgummikreise und Schmucksteine immer deckungsgleich auf den Rest der Kordel kleben. Das Ende der Kordel abschneiden.

3 Jetzt schneidest du den Kopf des Hasen aus. Die Augen, die Nase und die Schleife aufkleben und die Innenlinien aufmalen. Klebe den Pompon für die Nase und die mit einem Schmuckstein verzierte Schleife auf. Zum Schluss den Kopf zusammen mit den Moosgummikreisen und den Schmucksteinen auf die Tasche kleben.

ROSA TASCHE

1 Die Tasche und den Anhänger fertigst du, wie bei der roten Tasche beschrieben. Schneide dann den Kopf der Katze, die Schleife und die Blumen aus Moosgummi aus und klebe die Moosgummikreise als Blütenmitten auf.

2 Die Schleife klebst du zusammen mit den Wackelaugen und dem Pompon auf den Kopf der Katze auf. Die Innenlinien aufmalen und Kopf und Blümchen zusammen mit den Schmucksteinen auf die Tasche kleben. Fertig zum Stadtbummel?

DAS BRAUCHST DU

Für die rote Tasche
- Moosgummi in Rot, 2 mm stark, 2x A3
- Moosgummireste in Weiß und Blau, 2 mm stark
- ca. 30 Moosgummikreise in verschiedenen Größen und Farben
- 2 Wackelaugen, ø 1,2 cm
- Pompon in Rosa, ø 1 cm
- ca. 25 Schmucksteine in verschiedenen Farben, ø 8 mm
- Schmuckkordel oder Gummischnur in Rot, ø 2 mm, ca. 1,50 m lang
- Lochzange

Für die rosa Tasche
- Moosgummi in Rosa, 2x A3
- Moosgummireste in Rot, Blau, Weiß und Lila, 2 mm stark
- 8 Moosgummikreise in Gelb, ø 2 cm
- 2 Wackelaugen, ø 1,2 cm
- Pompon in Rosa, ø 1 cm
- Schmuckkordel oder Gummischnur in Weiß, ø 2 mm, ca. 1,50 m lang
- ca. 15 Blumen-Schmucksteine in verschiedenen Farben, ø 8 mm
- Lochzange

Vorlage Seite 102

GLITZER-ANHÄNGER

für Lieblingstäschchen

1 Übertrage den Kreis von der Vorlage auf den 3 mm starken Filz. Übertrage das Herz oder den Fisch auf den Bastelfilz und schneide dann beide Teile aus.

2 Streiche das Herz oder den Fisch mit Klebstoff ein und bestreue das Motiv mit Glitzer. Den Klebstoff gut trocknen lassen. Überschüssigen Glitzer kannst du nach dem Trocknen abschütteln. Klebe dein Glitzermotiv und die Pailletten auf den Kreis.

3 Loche deinen Glitzeranhänger und fädle das Band durch das Loch. Binde den Anhänger mit dem Band an eine Tasche.

DAS BRAUCHST DU

- Filz in Lila und Gelb, 3 mm stark, 10 cm x 10 cm
- Bastelfilz in Rosa und Blau, 7 cm x 7 cm
- Band in Pink und Rot, je 1 cm breit, 20 cm lang
- Wackelauge, ø 1 cm
- Pailletten in verschiedenen Farben
- Glitzer in Rosa und Blau
- Locher

Vorlage Seite 101

PERLEN-TASCHE

4 Ein ca. 40 cm langes Stück Kordel abschneiden. Die Kordel mit einem Stich durch ein vorgebohrtes Loch an einem Taschenrand befestigen. Eine Perle auffädeln und einen Knoten binden. Drei weitere Perlen auffädeln und jeweils mit einem Knoten fixieren. Die Kordel an der gegenüberliegenden Seite auf gleicher Höhe mit einem Stich fixieren. Die Kordel sollte etwas durchhängen. Den Rest der Kordel abschneiden.

5 Übertrage den Vogel der Vorlage nach auf den Bastelfilz und schneide ihn aus. Klebe den Vogel auf die Tasche. Zum Schluss nähst du noch eine Perle als Auge auf.

1 Markiere auf der Rückseite der Tasche 1,5 cm vom Rand entfernt im Abstand von 3 cm jeweils neun Löcher. Fädle ein ca. 50 cm langes Stück Kordel in die Stopfnadel ein. Bohre bei jeder Markierung ein kleines Loch mit einer spitzen Schere, damit du die Nadel leichter einstechen kannst. Lass dir von einem Erwachsenen dabei helfen.

2 Beginne oben an der Tasche: Den ersten Stich senkrecht von oben einstechen. Bei den folgenden Stichen stichst du von der Rückseite zur Vorderseite hin. Du steckst vorne eine oder zwei Perlen auf. Du fädelst die Nadel wieder von der Rückseite zur Vorderseite usw., bis du am unteren Taschenrand angekommen bist.

3 Fädle unten nach ca. 10 cm Kordel zwei Perlen auf und binde unterhalb davon einen Knoten. Nach weiteren 10 cm die Kordel abschneiden und das Ende der Kordel ausfransen. Auf der anderen Seite verfährst du genauso.

Tipp

Wer lieber Fische als Vögel mag, kann das Vögelchen einfach ersetzen. Bei Fischen sehen Holzperlen in Blau- und Grüntönen hübsch aus – fast wie Blubberblasen.

DAS BRAUCHST DU

- Stofftasche in Natur, 24 cm x 27,5 cm
- 30 Holzperlen in Rosatönen, ø 12 mm
- Bastelfilzrest in Pink
- Kordel in Weiß, ø 2 mm, ca. 2 m lang
- Stopfnadel mit großem Öhr

Vorlage Seite 101

KETTE MIT ANHÄNGER

1 Schneide Trinkhalme in möglichst gleichmäßige, ca. 7 mm große Stücke. Knicke die Pappe an der längeren Seite 5 mm nach hinten. Klebe die Trinkhalmstücke mit viel Klebstoff zu einem Muster. Lass den Klebstoff trocknen.

2 Schneide drei ca. 10 cm lange Stücke von der Lederschnur ab. Binde jeweils einen Knoten in das eine Ende der Schnur. Ziehe auf zwei der Schnüre jeweils eine gelbe Perle (ø 1 cm) und auf die dritte Schnur ein blaues Trinkhalmstück und eine große rote Perle (ø 1,2 cm) auf.

3 Schiebe die Schnüre mit den gelben Perlen links und rechts von unten nach oben durch die Trinkhalmstücke auf der Pappe. Die Schnur mit der roten Perle mittig durch die Trinkhalme führen. Oben verknoten und die Enden der Schnüre abschneiden. Lasse dabei die Schnur mit der roten Perle etwas länger.

4 Fädle so viele Trinkhalmstücke auf eine Lederschnur auf, wie der Anhänger breit ist. Schiebe die Stücke in die Mitte der Schnur. Befestige sie mit Klebstoff auf der Rückseite der Pappe unter dem Knick. Den Klebstoff trocknen lassen. Links und rechts eine große rote Perle (ø 1 cm) und verschiedenfarbige Trinkhalmstücke auffädeln. Nach ca. 10 cm einen Knoten direkt nach dem letzten Trinkhalmstück binden.

ARMBAND MIT FEDERN

1 Fädle bunt durcheinander Trinkhalmstücke auf die Lederschnur auf: Beginne mit einer 4 mm großen Perle. Fädle jeweils eine weitere Perle nach drei Trinkhalmstücken auf. Den Abschluss bildet eine Perle. Schiebe die Trinkhalme und die Perlen in die Mitte der Schnur. Binde vor der ersten und nach der letzten Perle einen Knoten.

2 Umwickle jeweils die Kiele der Federn mit ca. 10 cm langen Papierdrahtstücken. Befestige eine Feder an der mittleren Perle und die anderen beiden Federn an der vorletzten Perle.

DAS BRAUCHST DU

- Trinkhalme in Weiß, Gelb, Rot, Blau und Grün
- Papperest, 4 cm x 5 cm
- Lederschnüre in Hell-, Mittel- und Dunkelbraun, ø 2 mm, 1 m lang
- Marabufedern in Gelb, Rot, Blau und Grün
- Holzperlen in Rot, 2x ø 1 cm und 2x ø 4 mm, Gelb, 4x ø 1 cm, Blau, 8x ø 4 mm, Grün, 1x ø 8 mm, und in verschiedenen Farben, 7x ø 4 mm
- Papierdrahtreste in Türkis und Orange, ø 1 mm
- Plastikschraubverschluss in Gelb, ca. ø 3,5 cm
- Blumendraht, ø 1 mm
- 2 Ohrfedern in Silber
- Küchenkrepp
- Schmirgelpapierrest

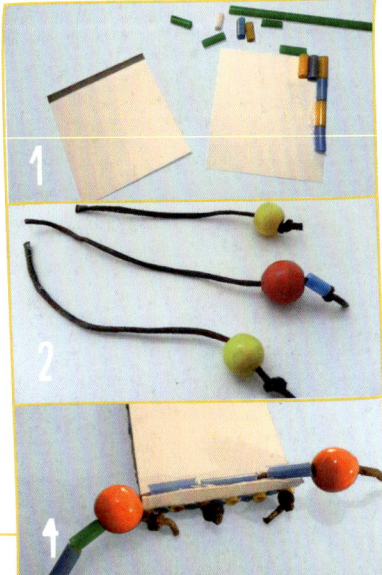

INDIANERSCHMUCK

für hübsche Squaws

Tipp

Mit diesem selbstgemachten Indianerschmuck wirst du bei der nächsten Kostümparty alle begeistern. Nun benötigst du noch die passende Kleidung und Schminke dazu. Natürlich kannst du so auch im Alltag deine Kleidung verschönern!

HERZ-STÜCKCHEN

für deine Haare

DAS BRAUCHST DU

- Rocailles in Rot opak und Pink opak, ø 2,2 mm
- Perlenfädeldraht, ø 0,3 mm
- Haarspange in Silber, 6 cm lang

Vorlage Seite 101

1 Führe eine pinkfarbene Perle in die Mitte eines 40 cm langen Drahtes und fixiere sie dort: Dazu die linke Drahthälfte nochmals von rechts nach links durch die Perle ziehen (siehe dazu auch Seite 6/7). Nach der Vorlage fünf weitere Perlenreihen fädeln.

2 In der 6. Perlenreihe überspringst du die erste Perle und ziehst das linke Drahtende durch die restlichen fünf Perlen zurück. Ziehe nach der Vorlage die Perlen der letzten zwei Reihen auf. Verdrehe die Drahtenden und schneide sie ab.

3 Ziehe einen 15 cm langen Draht in der 6. Reihe durch die äußeren fünf Perlen der linken Seite. Fädle die Perlen nach der Vorlage auf. Die Drahtenden sichern.

4 Fertige auf diese Weise ein weiteres kleines und ein großes Herz an. Zum Schluss klebst du zwei kleine Herzen und ein großes Herz auf die Haarspange auf.

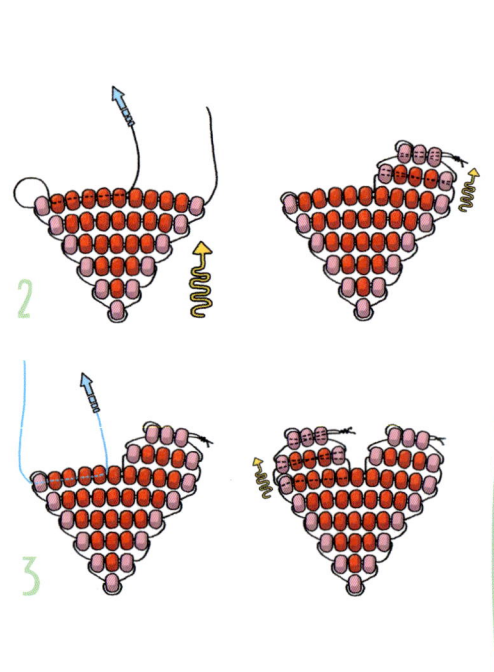

PFERDE-SHIRT

mit Strass und Glitzer

Tipp

Du kannst einen Föhn verwenden, damit die Farbe schneller trocknet. Den Föhn aber nicht zu heiß einstellen und immer genügend Abstand zum Kleidungsstück halten!

1 Schneide die Pappe auf die Größe des T-Shirts (ohne Ärmel) zu und lege sie in das T-Shirt. So vermeidest du, dass die feuchte Farbe auf die Rückseite des T-Shirts durchsickert. Übertrage das Pferd von der Vorlage auf die Vorderseite des T-Shirts.

2 Male das Pferd mehrmals mit der weißen Textilfarbe aus, bis es den gewünschten Weißton hat. An der Mähne und an den Rändern solltest du die Farbe besonders oft auftragen, damit sich das Pferd deutlich vom T-Shirt abhebt. Lass die Farbe zwischen den einzelnen Farbschichten und nach der letzten Farbschicht gut trocknen.

3 Die Mähne und die Ränder des Pferdes kannst du mit dem silberfarbenen Glitzerstift verzieren. Die Farbe mit den Fingern gleichmäßig verteilen. Gut trocknen lassen. Klebe dann die Strasssteine und Strassblüten mit Schmucksteinkleber auf. Wenn alles getrocknet ist, die Pappe herausnehmen und die Stoffmalfarbe nach Herstellerangaben fixieren.

DAS BRAUCHST DU

- T-Shirt oder Sweatshirt in Pink
- Textilfarbe in Weiß
- Textil-Glitzerstift in Silber
- Acryl-Strasssteine, ø 4 mm, 3x in Helllila, 1x in Kristall, 2x in Hellblau und 1x in Blau (für das Auge)
- Acryl-Strassblüten, ø 1 cm, 4x in Rosa, 2x in Lila und 1x in Hellblau
- dicke Pappe
- Bügeleisen

Vorlage Seite 102

LECKEREIEN

für den Kaufmannsladen

DAS BRAUCHST DU

Für den Salzteig:

- Salz, 250 g
- Mehl, 250 g
- Öl, 1 EL
- Wasser
- Fingerfarbe in Rot
- Kakao
- Puderzucker

- Mini-Gugelhupfformen aus Silikon und Tortenbodenformen
- evtl. Klarlack

1 Mische aus allen Zutaten einen Teig und knete ihn kräftig. Füge die Farbe hinzu: Für den roten Teig mischst du etwas Fingerfarbe unter, für den braunen Teig Kakao.

2 Drücke den Teig kräftig in die Tortenbodenformen. Fülle die Formen bis zum oberen Rand. Dann die Törtchen wieder herausklopfen. Für Brötchen formst du Kugeln. Drücke die Kugeln leicht flach und ritze sie von oben kreuzförmig ein. Für ein Brot brauchst du eine längliche Form. Ritze das Brot oben schräg ein. Du kannst auch Brezeln formen.

3 Damit du mit deinen Kuchen und Brötchen spielen kannst, müssen sie gebacken werden. Lass dir dabei von einem Erwachsenen helfen: Den Teig bei 100 Grad und geöffneter Ofentür ca. eine Stunde lang trocknen lassen. Danach bei 150 Grad und geschlossener Ofentür mehrere Stunden weiterbacken.

4 Wenn die Leckereien ausgekühlt sind, kannst du sie noch mit Lack bestreichen – oder aber sofort losspielen!

DAS BRAUCHST DU

- Bastelfilz in Lila, 40 cm x 50 cm,
  und Rosa
  und Gelb, je 12 cm x 12 cm
- Pomponband in Grün, 50 cm lang
- Litze in Rosa, 15 cm
- 2 Knöpfe in Rosa, ø 1 cm
- Bügelmotiv „Blume",
  3,5 cm x 3,5 cm

Vorlage Seite 103

KLEIDCHEN

für Puppenkinder

1 Übertrage das Kleid von der Vorlage auf den lila Filz und schneide es aus. Schneide die Träger aus dem rosa Filz und eine Blume aus dem gelben Filz aus. Lass dir von einem Erwachsenen die Bügel-Blume auf den gelben Filz bügeln. Klebe die gelbe Blume auf das Kleid.

2 Zerschneide die Vorlage für das Kleid an der Scherenlinie und lege den unteren Teil der Vorlage auf das Kleid. Trage entlang des unteren Papierrands Klebstoff auf den Filz auf. Drücke das Pomponband in den Klebstoff. Die rosa Litze klebst du einmal rund um den Halsausschnitt. Trage dafür wieder erst den Klebstoff auf den Filz auf und drücke dann die Litze hinein.

3 Schneide zwei Knopflöcher in die Trägerklappen. Die Löcher sollten genauso groß sein wie die Knöpfe. Lass dir evtl. von einem Erwachsenen dabei helfen. Die beiden Knöpfe nähst du wie in der Vorlage markiert auf die Träger auf. Schließe zum Schluss die Träger über Kreuz.

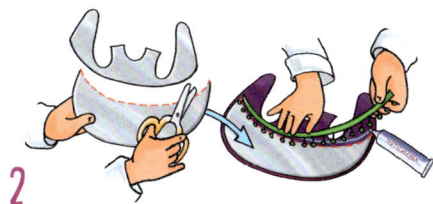

2

3

DUFTIGE SEIFEN

zum Verschenken

DAS BRAUCHST DU

Für den Lolli (pro Lolli)
- Gießseife in Transparent
- Seifenfarbe in Rot, Gelb, Grün und Blau
- Seifengießform „Kreis", ca. ø 5,5 cm
- evtl. Ausstecher „Kreis" in verschiedenen Größen
- Schaschlikstäbchen
- Satinkordel in Weiß, ca. 30 cm lang
- Zellophanfolie

Für das Eis am Stiel
- Gießseife in Transparent
- Seifenfarbe in Rot und Gelb
- Eisförmchen
- Eisstäbchen aus Holz
- Zellophanfolie
- Wäscheklammern

LOLLIS

1 Färbe etwas Gießseife in den gewünschten Farben ein und fülle sie ca. 5 mm hoch in verschiedene, flache Gefäße (z. B. Tiefkühlbehälter). Auskühlen lassen. Kreise und Ringe aus der gefärbten Seife ausstechen. Die Reste in ca. 5 mm große Würfel schneiden.

2 Bedecke den Boden der Gießform mit transparenter, roter oder orangefarbener Gießseife. Lege die Kreise, die Ringe oder die Würfel auf. Gieße die Form vollständig aus. Du kannst das Muster mit einem Holzstäbchen korrigieren. Auskühlen lassen. Die Lollis aus der Form lösen und die Ränder glätten. Schaschlikstäbchen als Stiel seitlich einstecken. Zum Schluss die Lollis in Folie einpacken und die Satinkordel umbinden.

EIS AM STIEL

Färbe die Gießseife orange ein. Stelle das Eisförmchen in ein Glas, damit es nicht umfällt. Fülle die Seifenmasse ein. Das Eisstäbchen bis zur Hälfte in die Seifenmasse stecken und mit zwei Wäscheklammern am Glasrand fixieren, damit es mittig in der Form bleibt und nicht absinkt. Auskühlen lassen. Das Eis am Stiel vorsichtig herausziehen, an den Rändern glätten und in die Folie einpacken.

LIBELLE

im Schwebeflug

Tipp

Falls du lieber einen Schmetterling basteln möchtest, lässt du den Schwanz der Libelle einfach weg. Hast du keine Schmucksteine zur Hand, klebe einfach zwei Münzen an die Unterseiten der Flügel. Achte wieder darauf, dass du sie genau spiegelbildlich anklebst, damit die Libelle auf deinem Finger schwebt.

1 Übertrage das Motiv von der Vorlage auf den Fotokarton und auf das Tonpapier. Schneide die Libellenkörper mit Flügeln aus. Aus dem Tonpapier schneidest du nur die Flügel aus. Bemale die Flügel mit dem lila Metallic-Stift und dem weißen 3D-Liner. Lass die Farbe trocknen.

2 Klebe deine größten Schmucksteine links und rechts in den oberen Bereich des Flügels aus Fotokarton. Verwende auf beiden Seiten gleich große Steine, damit deine Libelle im Gleichgewicht schwebt, wenn du sie auf deine Fingerspitze oder auf den Deckel einer Flasche legst.

3 Falte die rosa Flügel und klebe sie 1 mm nach hinten versetzt auf die Libelle. Sobald der Klebstoff trocken ist, knicke die Flügel leicht nach oben, damit man deine schönen Verzierungen sehen kann.

DAS BRAUCHST DU

- Fotokarton in Glanzweiß/Mattweiß
- Tonpapier in Rosa
- Schmucksteine, ca. 3–10 mm
- Filzstift in Lila metallic
- 3D-Stift in Weiß

Vorlage Seite 102

KLEINE MEERJUNG-FRAU

Tanz mit den Fischen

Vorlage Seite 103

DAS BRAUCHST DU

- Handschuh in Blau
- Bastelfilz in Dunkelblau, 10 cm x 20 cm, und Reste in Hellgrün, Weiß und Rot
- Moosgummireste in Gelb, Rosa, Rot und Hautfarbe
- Hologrammfolienrest in Gold, selbstklebend
- Fotokarton in Weiß, 12 cm x 6 cm und Rest
- Wollreste in Blau und Wollweiß
- Wattekugel, ø 2 cm
- Glitzerkleber in Gold
- Locher

1 Umwickle für den Kraken den Fotokarton von einer kurzen Seite zur anderen ca. 50 Mal mit der blauen Wolle. Ziehe die Wolle vorsichtig herunter und binde sie an einer Stelle ab. Schiebe die Wattekugel unterhalb des Knotens zwischen die Wollfäden. Binde die Wolle unterhalb der Kugel fest ab.

2 Schneide die Wollfäden unten auf und flechte daraus vier gleich dicke Zöpfe. Das sind die Arme des Kraken. Die überstehenden Wollfäden mit der Schere auf eine Länge schneiden. Kreise aus weißem Fotokarton ausstanzen und als Augen aufkleben. Schwarze Pupillen aufmalen. Einen Mund aus rotem Filz anbringen.

3 Schneide die anderen vier Figuren aus Moosgummi aus. Bemale sie mit Filzstiften und Glitzerkleber. Die Meerjungfrau erhält ein Glitzerkleid aus Hologrammfolie. Für die Wollhaare vier 10 cm lange Fäden abschneiden, in der Mitte verknoten und auf den Kopf aufkleben.

↑ Die Wasserpflanzen aus grünem Filz ausschneiden und auf die Handfläche des Handschuhs aufkleben: Klebe sie jeweils nur an der Spitze, in der Mitte und am unteren Ende an. Der Filz darf nicht zu straff geklebt werden, da der Handschuh sehr elastisch ist. Nun kann dein Theaterstück beginnen.

FEENZAUBERSTAB

Du verzauberst alle!

1 Falte die Folie entlang der schmalen Seite in der Zickzackfaltung. Knicke dazu eine Kante der Alu-Bastelfolie 1,5 cm breit um, wende dann die Folie und knicke wieder 1,5 cm um. Das machst du so lange, bis der komplette Streifen gefaltet ist. Das Ganze sieht dann aus wie eine Ziehharmonika.

2 Halte die Folie in der Mitte fest und ziehe die beiden Enden zueinander, sodass ein Kreis entsteht. Klebe die äußeren Ränder der Zickzackfaltung zusammen. Fädle den Bast durch die Öffnung in der Mitte deines Zickzacksterns. Umwickle den Holzstab mit der Aluminiumfolie. Klebe den Stab von hinten am Stern fest.

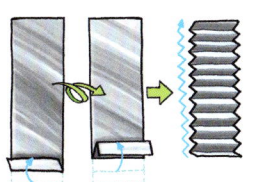

DAS BRAUCHST DU

- Alu-Bastelfolie in Silber, 20 cm x 70 cm
- Holzstab, 50 cm lang
- Bast in Gold und Weiß
- Aluminiumfolie

DAS BRAUCHST DU

- Fotokarton in Rosa, A4
- 9 Pailletten in Silber, ø 6 mm
- 6 Strasssteine in Rosa, ø 6 mm
- 5 Mini-Plastikblumen in Rosa, ø 1 cm
- 5 Wachsperlen in Weiß, ø 6 mm
- Rundholzstab, ø 8 mm, 40 cm lang
- Satinband in Rosa und Pink, 3 mm breit, jeweils 2 m lang
- Acrylfarbe in Pink
- Glitzerkleber in Silber

Vorlage Seite 100

Auf zum Maskenball!

1 Zuerst malst du den Rundholzstab mit pinker Acrylfarbe an und lässt die Farbe trocknen.

2 Übertrage die Maske mit den Schnörkeln von der Vorlage auf den Fotokarton und trenne die Augenschlitze mit dem Cutter heraus. Lass dir dabei besser von einem Erwachsenen helfen. Die Bleistiftlinien der Schnörkel ziehst du mit dem silbernen Lackmalstift und dem Glitzerkleber nach. Setze kleine Glitzerpunkte und lass alles gut trocknen. Die Maske wie abgebildet mit den Pailletten, Strasssteinen und Mini-Plastikblumen verzieren und mit dem silbernen Lackmalstift umranden. Die Wimpern und weitere Verzierungen kannst du mit Filzstift auftragen.

3 Binde je ein pinkfarbenes und ein rosa Satinband mit 50 cm Länge zu einer Schleife und klebe diese vorne auf die Maske.
Das restliche Satinband in 50 cm lange Abschnitte teilen. Diese hinten am Kontaktpunkt von Holzstab und Maske befestigen.
Zum Schluss den Stab mit Heißkleber seitlich hinter der Maske fixieren und der Ball kann losgehen!

Tipp

Lade deine Freundinnen zum Maskenball ein. Ihr könnt die Maske in unterschiedlichen Farben und Formen gestalten. Wer ist wer?

KAKAO-KLUMPEN

Geschenk für Naschkatzen

1 Schmilz die Zartbitterschokolade im Wasserbad und rühre 1 TL Zimt unter. Die weiße Schokolade ebenfalls im Wasserbad erhitzen. Schneide die Vanilleschote längs auf und kratze das Vanillemark mit einem Messer heraus. Dann rührst du es unter die weiße Schokolade. Die Vollmilchschokolade schmelzen lassen und mit 2 EL Karamelsirup verfeinern.

2 Gieße die flüssige Schokolade in eine Eiswürfelform und stecke einen kleinen Plastik- oder Holzlöffel hinein. Verziere die verschiedenen Sorten Schokolade mit Zuckerperlen. Lass die Schokolade erkalten. Lecker!

Tipp

Die Kakao-Klumpen lassen sich wunderbar in heiße Milch tunken. Aber sie schmecken natürlich auch so ...

DAS BRAUCHST DU

- 150 g Zartbitterschokolade
- 150 g Vollmilchschokolade
- 150 g weiße Schokolade
- Vanilleschote
- 1 TL Zimt
- 2 EL Karamelsirup
- Deko-Zuckerstreu
- Holz- oder Plastiklöffel
- Eiswürfelform

WURFSPIELE

machen gute Laune!

Vorlage Seite 104

DAS BRAUCHST DU

Für die Dosen
- 6 leere Konservendosen, ø 7 cm, 11 cm hoch
- Sicherheitsdosenöffner
- Acrylfarbe in Weiß, Sonnengelb, Rosa, Orange, Türkis und Maigrün
- Motivlocher „Palme", „Herz", „Blume", „Gecko", „Sandburg" und „Schweinchen", ø 10–12 mm
- Tonpapierreste in Hellgrün, Rot, Violett, Hellblau, Gelb und Pink
- 3 Tennisbälle

Für die Frisbees
- Frisbees in Rot, Gelb und Blau, ø 22 cm
- Acrylfarbe in Weiß, Sonnengelb, Rosa, Orange, Türkis und Maigrün

DOSEN

Öffne die Dosen mit einem Sicherheitsdosenöffner, damit es keine scharfen Kanten gibt. Dann grundierst du die Dosen in Weiß und lässt die Farbe gut trocknen. Nun kannst du die Dosen bunt anmalen. Für die Dosenverzierung stanzt du jedes Motiv 15–20 Mal aus den Tonpapierresten aus. Zum Schluss klebst du die Motive auf die Dosen. Jetzt musst du dir nur noch einen Ball besorgen und das Spiel lann losgehen!

FRISBEES

Übertrage die Motive von der Vorlage auf die Frisbees und bemale sie wie auf dem Foto zu sehen. Lass die Farbe gut trocknen. Gestalte die Gesichter nach deinen Wünschen mit Lackmal- und Buntstiften.

SPIELREGELN FÜRS DOSENWERFEN

Stelle die Dosen wie auf dem Foto zu sehen auf. Jeder hat drei Versuche, um alle Dosen vom Tisch zu schießen. Wer es schafft, bekommt eine Belohnung!

Tipp

Wenn du nur Frisbees mit Aufdruck bekommst, kannst du die Aufdrucke mit Nagellackentferner und Wattepads entfernen. Den Geisterfrisbee kannst du mit Nachtleuchtfarbe bemalen. So sieht er abends schön schaurig aus!

ZWERGEN-STÜBCHEN

Hereinspaziert!

DAS BRAUCHST DU

- feste Pappe, 40 cm x 12 cm
- dünne Pappe, 20 cm x 20 cm
- Acrylfarbe in Weiß, Rot, Grün, Rosa und Rot
- Pomponband in Grün, 20 mm breit, 50 cm lang
- Knöpfe
- Figurenkegel aus Holz, 102 mm x 42 mm
- Filzreste
- Bürohefter

Vorlage Seite 103

Tipp

Natürlich kannst du auch eine ganze Zwergenfamilie basteln. Besorge dir einfach Rohholzkegel in verschiedenen Größen, und los geht's!

1 Zeichne für das Haus eine Tür auf die festere Pappe auf und schneide zwei Drittel des Umrisses der Tür mit einem Cutter ein, sodass du die Tür später öffnen und schließen kannst. Schneide für das Dach einen Kreis mit 20 cm Durchmesser aus der dünnen Pappe aus. Schneide den Kreis einmal bis zur Mitte ein.

2 Streiche den Streifen für das Haus mit weißer und das Dach mit roter Acrylfarbe an. Die Farbe trocknen lassen. Das Haus verzieren und weiße Fliegenpilzpunkte auf das Dach aufmalen. Lass die Farbe gut trocknen.

3 Biege den Streifen für das Haus um einen runden Gegenstand, z. B. eine Flasche. Klebe die Enden des Streifens zusammen. Klebe einen Knopf als Türgriff an. Für das Dach formst du aus dem Kreis einen Kegel, indem du die beiden geraden Ränder von deinem Einschnitt überlappen lässt. Hefte den Kegel zusammen. Klebe Pomponband um den Rand des Daches herum.

4 Nimm für die Zwerge Rohholzkegel und male zunächst die Köpfe mit rosa Acrylfarbe an. Wenn der Anstrich gut getrocknet ist, malst du Gesichter auf und stattest deine Zwerge mit Filzkleidern aus.

KESSES KRÖNCHEN

für kleine Prinzessinnen

1 Übertrage die Krone von der Vorlage auf fliederfarbenen und rosa Fotokarton. Klebe das irisierende Papier auf die Rückseite des rosa Fotokartons auf, damit es stabiler ist. Schneide die Krone mit einem Cutter aus, auch die tropfenförmigen Aussparungen.

2 Schneide nur die Grundform der Krone aus dem fliederfarbenen Fotokarton aus. Klebe es von hinten gegen die Krone aus irisierendem Papier, sodass der fliederfarbene Fotokarton durch die Aussparungen des irisierenden Papiers zu sehen ist.

3 Klebe die hellblaue Kordel an den Rand der Krone und schneide die Enden ab. Verziere die Krone mit Glitzersteinen und Halbperlen. Am besten geht das mit einer Pinzette. Zum Schluss die Krone an der Klebelasche zusammenkleben. Evtl. mit Büroklammern zusammenhalten, bis der Klebstoff getrocknet ist.

4 Du kannst die Krone mit einigen Haarklammern in deinen Haaren festklammern. Oder du bohrst mit einer Nadel jeweils links und rechts ein Loch in die Krone und fädelst ein Gummiband durch die Löcher.

DAS BRAUCHST DU

- Papier in Rosa-Weiß irisierend, A4
- Fotokarton in Rosa und Flieder, je A4
- Halbperlen, selbstklebend, 2x ø 6 mm, 9x ø 4 mm, 13x ø 3 mm, 16x ø 2 mm
- Kordel in Hellblau, 35 cm lang, ø 4 mm
- Glitzerblumen in Pink, 3x ø 1,6 cm, und Rosa, 1x ø 1,2 cm
- 2 Glitzersteine in Pink, ø 8 mm
- 3 Büroklammern
- Cutter mit Schneidunterlage

Vorlage Seite 104

- Schuhkarton
- 6 Streichholzschachteln
- 2 Joghurtbecher in Gelb
- Kronkorken
- 2 Holzperlen in Rosa und Natur, ø 1 cm
- 11 Holzperlen in Gelb, Orange, Rot und Grün, ø 8 mm
- 3 Trinkhalme in Gelb und Blau
- Stoffrest in Grau
- Stickgarnreste in Rosa
- Geschenkpapier in Weiß mit grün-blauem Muster
- Acrylfarbe in Gelb, Gold, Lindgrün, Weiß und Schwarz

PUPPEN-KÜCHE

Rein in die gute Stube!

PUPPENKÜCHE

Falls dein Karton stark bedruckt ist, grundiere ihn erst mit weißer Acrylfarbe. Die Farbe trocknen lassen. Die Außenseiten des Schuhkartons malst du mit goldfarbener Acrylfarbe an. Wieder trocknen lassen. Den Stoffrest als Teppich auf den Boden kleben. Das Geschenkpapier ist die Tapete deiner Puppenküche: Einfach innen auf die Wände der Schachtel aufkleben.

LAMPE

Schneide einen Joghurtbecher waagerecht in der Mitte durch. Knote eine Holzperle an das Ende eines Stück Stickgarns. Fädle das Garn auf eine große Nadel auf und stich von innen durch den Becherboden. Stich weiter durch die Decke der Puppenküche und befestige am anderen Ende des Garns wieder eine Holzperle – schon hängt eine Lampe in deiner Puppenstube!

TISCH UND SITZMÖBEL

Schneide für den Tisch vier 4 cm lange Stücke von einem Trinkhalm ab. Klebe die Trinkhalmstücke in die Ecken des Innenteils einer Streichholzschachtel. Drehe den Tisch um. Male die Tischplatte gelb an. Fertig ist der Tisch! Schneide die Hülle einer Streichholzschachtel in der Mitte durch. Bemale beide Teile mit gelber Acrylfarbe. Das sind die Sitzmöbel!

OBSTSCHALE

Klebe Holzperlen in Gelb, Rot, Grün und Orange in einen Kronkorken. Stelle die Obstschale auf den Tisch deiner Puppenküche!

HERD

Klebe zwei Streichholzschachteln aufeinander. Schneide die Vorderseite einer dritten Schachtelhülle ab. Klebe sie an eine der beiden Seiten deiner Doppeldeckerschachtel. Bemale den Herd mit lindgrüner Acrylfarbe. Zeichne die Herdplatten, die Schalter und die Ofenklappe mit schwarzer Acrylfarbe auf.

SPÜLE

Schneide einen Joghurtbecher waagerecht in der Mitte durch. Verwahre den unteren Teil des Bechers. Schneide ein großes Loch in die Bodenfläche eines Streichholzschachtel-Innenteils. Schiebe den Joghurtbecher durch das Loch und klebe ihn an der Schachtel fest. Schneide vier 4 cm lange Stücke von einem Trinkhalm ab. Klebe die Trinkhalmstücke in die Ecken des Innenteils des Streichholzschachtel. Die Spüle umdrehen, lindgrün anmalen – fertig!

WASSERHAHN

Schneide drei kleine Löcher über der Spüle in die Rückwand deiner Puppenstube. Stecke durch die äußeren Löcher jeweils ein 2 cm langes Trinkhalmstück. In das mittlere Loch ein 3 cm langes Trinkhalmstück mit Knickelement stecken.

WANDREGAL

Klebe die Innenteile von zwei Streichholzschachteln an den schmalen Seiten zusammen. Bemale das Regal lindgrün und klebe es an die Wand.

SCHRÄGER VOGEL

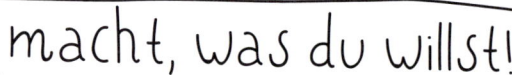

macht, was du willst!

1 Für diesen Vogel brauchst du insgesamt vier Pompons (siehe dazu auch Seite 8): Wickle für den Bauch einen Pompon mit einem Durchmesser von 8 cm. Der Pompon für den Kopf hat einen Durchmesser von 4 cm. Die Pompons für die Füße sind ca. 3 cm groß. Den Bauch und den Kopf wickelst du am besten mit einem Bleistift, weil die Pompons dann schön strubbelig werden.

2 Die Beine bestehen jeweils aus 30 ca. 11 cm langen, weißen Fäden. Binde die Fäden oben, unten und in der Mitte zusammen. Am leichtesten geht es, wenn du die Wolle dazu um ein Brettchen oder ein Buch wickelst, das die angegebene Größe hat. So werden die Fäden alle gleich lang. Der Hals besteht aus 30 Fäden, die jeweils 13 cm lang sind. Sie werden nur oben und unten zusammengebunden.

3 Nähe den Hals und die Beine am Körper fest. Dann knotest du die Füße mit den Abbindefäden an den Beinen und den Kopf am Hals fest. Schneide den Schnabel nach der Vorlage aus Tonpapier aus. Falte den Schnabel in der Mitte und klebe ihn zusammen mit den Wackelaugen auf.

4 Damit aus dem schrägen Vogel eine Marionette wird, müssen am Kopf, am Körper und an den Knien lange Fäden festgeknotet werden. Die losen Enden bringst du am Marionettenkreuz an: den Kopf am langen Ende des Kreuzes, den Körper in der Mitte und die Beine rechts und links. Jetzt kann dein Vogel mit dem Kopf wackeln und mit seinen langen Beinen umherstolzieren.

DAS BRAUCHST DU

- Wolle in Rot-Rosa-Weiß gemustert und Weiß
- Tonpapierrest in Rot
- 2 Wackelaugen, ø 1,2 cm
- Stickgarn in Weiß
- Marionettenkreuz

Vorlage Seite 101

ZAUBERTINTE

für geheimnisvolle Botschaften

1 Schneide ein 5 cm x 7 cm großes Etikett aus dem antiken Papier aus. Die Etikettenränder vorsichtig anreißen. Du kannst sie auch ganz leicht mit einem Feuerzeug anbrennen. Lass dir dabei aber unbedingt von einem Erwachsenen helfen. Dann schreibst du „Zaubertinte" auf das Etikett und beklebst das Fläschchen mit dem Etikett. Binde ein Stück Paketschnur um den Deckel des Fläschchens.

2 Fülle den Zitronensaft in das Fläschchen. Schneide den Kiel der Gänsefeder unten schräg an, damit du wie mit einem Füller damit schreiben kannst. Jetzt kannst du mit der Zaubertinte und der Feder eine geheime Botschaft schreiben oder eine Schatzkarte zeichnen, die zu einem verborgenen Schatz führt. Sobald das Blatt getrocknet ist, wird die Schrift unsichtbar.

3 Den Geheimbrief einrollen und mit der Paketschnur zusammenbinden. Lass dir von einem Erwachsenen dabei helfen, das flüssige Wachs einer brennenden Kerze vorsichtig auf den Rand der Papierrolle zu tropfen, sodass sie „versiegelt" ist.

4 Wenn der Empfänger die geheime Botschaft entschlüsseln will, muss er das Blatt an einer Lampe oder, unter Aufsicht eines Erwachsenen, vorsichtig mit einem Bügeleisen erwärmen.

Tipp

Vielleicht kannst du einen kleinen Schatz verstecken, der nun mit deiner Schatzkarte von deinen Freunden oder Geschwistern gesucht werden kann!

INDIAKA-SPIEL

Der Sommer ist da!

DAS BRAUCHST DU

- Luftballon
- 2 Tassen feinen Sand
- Trichter
- Bastschnur, 50 cm lang
- Federn in Braun, 4x 20 cm lang, Pink, 4x 10 cm lang, und Orange, 2x 10 cm lang

Zuerst ziehst du den Luftballon auf den Trichter auf. Dann füllst du den Sand durch den Trichter in den Luftballon. Stecke die Federn durch die Öffnung des Ballons in den Sand hinein. Nun bindest du den Luftballon mit der Bastschnur zu und bindest dabei auch die Federn fest.

Tipp

Spielt das Indiaka-Spiel zu zweit, indem ihr mit der flachen Handfläche von unten auf den Ballon schlagt und euch das Indiaka so gegenseitig zu-spielt.

GESCHNITZTE INSTRUMENTE

Waldmusik

1 Lass dir von einem Erwachsenen den dickeren Zweig in sechs Stücke sägen: Die Stücke müssen 35 cm, 30 cm, 25 cm, 20 cm, 15 cm und 10 cm lang sein. Die Stäbe ca. 2 cm vom oberen Rand entfernt quer durchbohren.

2 Bemale die Holzkugeln mit den Acrylfarben. Lass die Farbe gut trocknen. Schnitze mit einem Messer Streifen, Punkte, Ringe oder andere Muster in die Aststücke. Schneide dabei immer vom Körper weg, damit du dich nicht verletzt!

3 Fädle die Aststücke der Größe nach geordnet mit je einer Kugel als Abstandshalter auf die Paketschnur. Knote die Enden der Paketschnur zu Schlingen. Mit dem dünneren Zweig kannst du nun auf deinem Astxylophon spielen!

DAS BRAUCHST DU

- Haselnusszweig, ø 2,5 cm, 135 cm lang
- Zweig, ø 1 cm, 30 cm lang
- 7 gebohrte Holzkugeln, ø 3 cm
- Acrylfarbe in Rot, Gelb, Blau und Hellgrün
- Paketschnur, 90 cm lang
- Bohrer, ø 3 mm

53

MURMEL MIT PUNKTEN

Schneide für die Murmel mit Punkten eine Rippe Fimo® in der Farbe deiner Wahl ab und forme sie zu einer Kugel. Forme kleine Kügelchen aus andersfarbigem Fimo® und drücke die Kügelchen leicht auf die Kugel. Rolle die Kugel noch einmal zwischen deinen Handflächen, sodass eine glatte Oberfläche entsteht. Die Kügelchen verbinden sich so perfekt mit dem Untergrund.

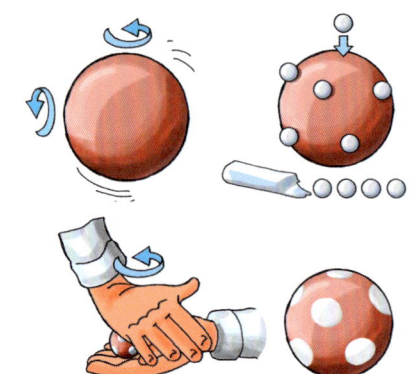

MARMORIERTE MURMEL

Verknete für die marmorierte Murmel einige Fimo®-Reste miteinander. Nimm am besten helle, leuchtende Farben. Rolle immer wieder eine Wurst und verknete die Wurst anschließend wieder zu einer Kugel, bis du mit der Marmorierung zufrieden bist.

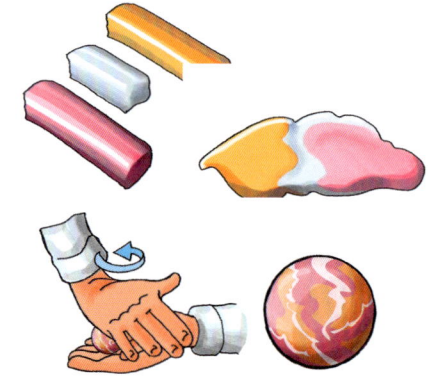

MURMEL MIT GESICHT

Die Murmel mit Gesicht wird wie die Murmel mit Punkten gefertigt. Nur brauchst du eine kleine dünne Wurst für den Mund und kurze Stücke für die Augen. Für die Nase eine große Kugel und zusätzlich eine kleine, weiße Kugel für den Lichtpunkt verwenden.

MURMELSPIEL

Aus einem leeren Schuhkarton kannst du dir ganz leicht ein Zirkus-Murmelspiel basteln: Schneide in den Rand des Schuhkartons einige Tore. Beklebe den Karton mit schönem Geschenkpapier oder bemale ihn. Das Dach der Vorlage nach ausschneiden und ankleben. Und Anpfiff!

SPIELREGELN

Du kannst mit beliebig vielen Kindern um die Wette murmeln! Stelle das Murmelspiel auf den Boden. Jeder von euch bekommt die gleiche Menge Murmeln. Kniet euch einige Meter vom Murmelspiel entfernt auf den Boden. Am besten markiert ihr die Stelle. Nun versucht, eure Murmeln durch die Tore zu rollen. Wer schafft die höchste Punktzahl?

MURMELSPIEL

DAS BRAUCHST DU

- Fimo® soft in verschiedenen Farben

Vorlage Seite 105

für Zirkusfans

ZirkuS

KÖNIGLICHES GEFÄHRT

mit Kutscher und Pferden

SCHWARZES PFERD

Das schwarze Pferd ist aus schwarzem Fotokarton gefertigt. Der Schweif und die Mähne sind aus weißem Papier. Die Schaschlikstäbchen schwarz anmalen. Folge nun der Anleitung für das braune Pferd.

BRAUNES PFERD

1 Übertrage die Teile für das Pferd von der Vorlage auf Fotokarton und die Teile für die Mähne auf Tonpapier. Schneide alle Teile aus. Ritze die gestrichelten Linien des Körpers mit einem spitzen Gegenstand und einem Lineal ein. Falze die Linien.

2 Bemale den Kopf und den Körper des Pferdes mit braunem Buntstift. Klebe den Kopf in den Falz des Körpers. Die Mähne aufkleben. Die Augen, die Nüstern und das Maul mit Filzstift aufmalen. Bemale die Holzstäbchen mit Buntstift und klebe sie innen in den Körper.

3 Schneide fünf 0,5 cm x 6 cm große Streifen aus Tonpapier aus und wickle sie über ein Schaschlikstäbchen, sodass sie sich kringeln. Klebe die Enden der gelockten Streifen zusammen und klebe die Streifen als Schweif in das Pferd.

KUTSCHE

1 Bemale den Quarkbecher in Rot und lass die Farbe trocknen. Übertrage das Fenster von der Vorlage auf den schwarzen Fotokarton. Die Vorhänge auf den pinkfarbenen und die Krone auf den gelben Fotokarton abpausen. Die Fahnen auf den weißen Fotokarton übertragen. Schneide alle Teile aus.

2 Klebe die Krone hinter und die Vorhänge vor das Fenster. Klebe das fertige Fenster am Becher an. Du kannst auch noch die andere Seite des Bechers mit einem Fenster bekleben.

3 Stich mit einer spitzen Schere zwei kleine Löcher in das Dach. Durchbohre für die Räder die Korkscheiben mit der Schere. Die Löcher sollten so groß sein, dass sich die Räder locker auf dem Schaschlikstäbchen drehen. Lass dir dabei von einem Erwachsenen helfen.

4 Für die Radachse die Schaschlikstäbchen auf 14 cm kürzen. Schiebe je zwei Räder auf die Schaschlikstäbchen auf. Klebe Perlen auf die Enden der Radachsen. Nur die Perlen festkleben, nicht die Räder! Klebe die

Schaschlikstäbchen vorne und hinten unter dem Quarkbecher fest. Drücke sie so lange an, bis der Klebstoff getrocknet ist.

5 Bemale die Fahnen mit Filzstiften. Klebe die Fahnen an die Zahnstocher und stecke die Zahnstocher in die Löcher im Dach der Kutsche.

6 Bemale für den Kutscher einen Sektkorken mit schwarzer Farbe, lass dabei aber das Gesicht frei. Male die Augen und den Mund auf und klebe einen Pompon als Nase an.

DAS BRAUCHST DU

Für die Kutsche
- leerer, sauberer Quarkbecher, 500 g
- Acrylfarbe in Rot
- Fotokartonreste in Schwarz, Pink, Gelb und Weiß
- 2 Zahnstocher
- 2 Schaschlikstäbchen
- 2 Korken, ø 2 cm, 3 cm lang, mittig geteilt auf 2x 1,5 cm
- 4 Holzperlen in Pink, ø 1,5 cm
- Sektkorken
- Mini-Pompon

Für das braune Pferd
- Fotokartonrest in Hellbraun
- Tonpapierrest in Braun
- 4 Holzstäbchen, ca. 8,5 cm lang (z. B. Pommespicker)

Für das schwarze Pferd
- Fotokartonrest in Schwarz
- Tonpapierrest in Weiß
- 4 Holzstäbchen, ca. 8,5 cm lang (z. B. Pommespicker)

Vorlage Seite 105

SCHMETTER-LINGSFLÜGEL

Ab in die Lüfte!

DAS BRAUCHST DU

- Pappe, 60 cm x 100 cm
- Pappestreifen
- Acryllack in Pink, Rosa, Gelb und Hellblau
- Geschenkpapierreste
- Gummiband, 1 cm breit, 1,20 m lang

Vorlage Seite 106

1 Knicke die Pappe in der Mitte und lege die beiden Hälften der Pappe aufeinander. Zeichne eine Schmetterlingshälfte auf. Wenn du willst, kannst du dazu die Vorlage verwenden. Schneide den Schmetterling mit einer Schere oder einem Cutter aus. Klappe die Pappe wieder auseinander.

2 Die Flügel auf der Vorderseite und der Rückseite in deinen Lieblingsfarben bemalen. Lass die Farbe gut trocknen. Male einen ca. 2 cm breiten Rand in einer weiteren Farbe auf die Vorderseite.

3 Schneide verschieden große Kreise aus Pappresten aus. Beklebe die Kreise mit Geschenkpapier. Klebe jeweils einen großen und einen kleinen Kreis aufeinander. Trocknen lassen und auf die Flügel aufkleben.

4 Schneide für die Träger zwei ca. 60 cm lange Stücke Gummiband zurecht. Klebe das Gummiband rechts und links auf der Rückseite der Flügel unter einem Streifen Pappe fest. Jetzt die Flügel anprobieren und in passender Länge verknoten. Flieg, Schmetterling, flieg!

Tipp

Natürlich kannst du die Schmetterlingsflügel auch nur bemalen oder bekleben. Wenn du sie mit irisierender Folie beklebst, werden tolle Feenflügel daraus.

STRASSENKREIDE

Malereipaket zum Verschenken

1 500 g Gipspulver und 500 ml Wasser in eine Plastikschüssel geben. Rühre alles so lange mit einem Schneebesen oder einer Gabel um, bis ein schöner Teig entstanden ist.

2 Verteile den Teig auf sechs Schälchen. Rühre verschiedene Farben in die einzelnen Teig-Schälchen. Je mehr Farbpulver du unterrührst, umso intensiver wird die Farbe deiner Kreide. Gieße den Teig in die Blümchen der Muffinform. Lass den Teig aushärten, am besten über Nacht. Dann die Kreide-Blumen aus der Form herausdrücken. 1-2-3, Kreidezauberei!

DAS BRAUCHST DU

- 500 g Gipspulver
- 500 ml Wasser
- Tempera-Farbpulver oder Ostereierfarbe in verschiedenen Farben
- Plastikschüssel
- Schneebesen
- Silikonform für Blumen-Muffins

BECHER UND SCHALE

für deinen Schreibtisch

DAS BRAUCHST DU

- lufttrocknende Modelliermasse
- Acrylfarbe in Metallicweiß, Blau und Rot
- evtl. Schale mit Wasser

1 Forme aus der Modelliermasse eine Kugel und drücke mit dem Daumen vorsichtig eine Delle in die Mitte der Kugel.

2 Weite die Delle mit dem Daumen und dem Zeigefinger der einen Hand immer mehr aus. Die Kugel hältst du dabei in der anderen hohlen Hand. Am besten befeuchtest du deine Hände immer wieder in einem mit Wasser gefüllten Schälchen. Wenn die Ränder einreißen, kannst du sie vorsichtig wieder zusammenschieben und mit etwas Wasser glatt streichen.

3 Wenn deine Schale die gewünschte Größe erreicht hat, stellst du sie auf die Arbeitsunterlage und glättest den Rand des Bodens und die Innenseite. Die Schale zum Trocknen auf die Fensterbank stellen.

4 Bemale die Schale nach Lust und Laune mit Acrylfarben. Außer dem Herz sehen z. B. auch Sterne, Spiralen, Streifen oder Punkte hübsch aus.

1

2

3

4

BLÜTEN-LICHTER

für schönen Kerzenschein

1 Rolle eine große Menge Fimo® dünn aus. Passe die Fimo®-Platte an die Höhe deines Teelichtglases an. Ummantele das Glas mit der Platte. Schneide die Enden der Platte passgenau zu.

2 Rolle für die Blütenblätter eine gelbe Kugel zu einer dünnen Wurst und eine türkisfarbene Rolle zu einer dünnen Platte.

3 Ummantele die gelbe Rolle mit der türkisfarbenen Platte.

4 Schneide den Überstand ab. Schneide davon dünne Scheiben ab. Drücke die Scheiben zu Tropfen. Die kleinen grünen rautenförmigen Blätter auf dieselbe Weise wie die Blütenblätter herstellen.

5 Verteile die Blüten und die Blätter auf den Gläsern und drücke sie fest. Lasse das Fimo® im Ofen aushärten (mit den Gläsern einstellen). Nach dem Abkühlen kannst du in jedes Glas ein Teelicht stellen. Aber Achtung! Lass die Teelichter nie unbeobachtet brennen!

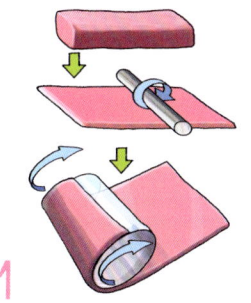

1

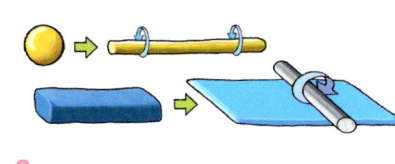

2

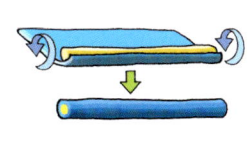

3

4

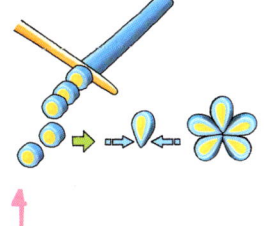

5

DAS BRAUCHST DU

- Fimo® soft in Rosa, Gelb, Türkis, Lila und Grün
- 2 Teelichtgläser, ø 5 cm, 6,5 cm hoch
- Modellierwerkzeug

BLUME

1 Für die Blume brauchst du eine runde Steckplatte (siehe dazu auch Seite 7). Lege eine weiße Bügelperle in die Mitte der Platte. Um die weiße Perle herum folgen hellblaue Perlen, danach dunkelblaue und zum Schluss immer abwechselnd hellgrüne und mittelgrüne Perlen. Einen Stift des äußeren Blütenkreises lässt du leer. Hier steckst du eine dunkelgrüne Perle ein. Den Stiel und die Blätter nach der Vorlage in Dunkelgrün stecken.

2 Lege Back- oder Butterbrotpapier auf deine Perlenarbeit und bügele gleichmäßig darüber. Wähle am Bügeleisen die niedrigste Temperatur. Wende die Platte, damit deine Blume nicht wellig wird, und lass sie auskühlen. Klebe zum Schluss die Holzwäscheklammer auf die Rückseite der Blume.

STERN

Bestücke die Sternplatte mit den gelben Bügelperlen. Lege Back- oder Butterbrotpapier auf deine Arbeit und bügele bei niedrigster Temperatur gleichmäßig über den Stern. Drehe die Steckplatte um und lass die Perlen auskühlen. Klebe zum Schluss die Holzwäscheklammer auf der Rückseite des Sterns an.

HERZ

Bestücke nach Belieben die Herzplatte mit Bügelperlen. Lege Back- oder Butterbrotpapier auf deine Arbeit und bügele bei niedrigster Temperatur gleichmäßig über das Herz. Wende die Platte und lass sie auskühlen. Klebe zum Schluss die Holzwäscheklammer auf der Rückseite des Herzens an.

NOTIZHALTER

Nicht vergessen!

PONY IN PINK

trägt Lieblings-Schmuckstücke

1 Klebe zusammen mit einem Erwachsenen die beiden Styrodur®-Platten großflächig mit Heißkleber aufeinander.

2 Die durchgezogenen Außenlinien des Ponys von der Vorlage auf die verklebten Styrodur®-Platten übertragen. Dann sägt ihr das Pony z. B. mit der Laubsäge aus. Die Sägeränder mit Schmirgelpapier säubern. Achte darauf, dass das Pony gut steht. Vier 6 cm große Stücke von der Holzleiste absägen. Die Holzleisten in gleichen Abständen als Mähne aufkleben.

3 Umhülle das Pony rundherum mit Pappmaschee (siehe dazu auch Seite 5). Lass das Pappmaschee trocknen.

4 Das Pony weiß grundieren und die Farbe trocknen lassen. Die anderen Linien von der Vorlage auf das Pony übertragen. Am besten verwendest du dafür Transparentpapier, da die Rückseite des Ponys spiegelverkehrt aufgezeichnet werden muss. Male das Pony nach deinen Wünschen in Pink und Rosa an. Nach dem Trocknen kannst du es noch lackieren.

5 Säge drei 10 cm lange Rundholzstäbe zu. Bemale sie und lass die Farbe trocknen. Stecke die Stäbe hinten in das Pony. Das geht leichter, wenn du die Löcher mit einem spitzen Gegenstand vorstichst. Evtl. mit Heißkleber fixieren.

DAS BRAUCHST DU

- 2 Styrodur®-Platten, 3 cm stark, 35 cm x 35 cm
- Holzleiste, 1 cm x 1 cm, 24 cm lang
- Rundholzstab, ø 5 mm, 30 cm lang
- Acrylfarbe in Weiß und Rosa- und Pinktönen
- Acryllack
- Laubsäge
- Heißkleber

Vorlage Seite 107

Tipp

Statt der Rundholzstäbe kann dein Pony auch einen Schwanz aus Filz bekommen: Ein 15 cm x 15 cm großes, 4 mm starkes Filzstück in Pink am oberen Rand ca. 1 cm breit mit Klebstoff bestreichen. Das Filzstück aufrollen und trocknen lassen. Die Filzrolle längs in ca. 1 cm breiten Abständen bis zur Klebestelle einschneiden. Ein Loch bohren und den Schwanz einkleben.

MEMO-BOARD

für schöne Erinnerungen

Vorlage Seite 106

DAS BRAUCHST DU

- Keilrahmen, 30 cm x 30 cm
- fester Baumwollstoff in Rosa, 35 cm x 35 cm (für den Hintergrund)
- Stoffrest in Bunt mit Pünktchen (für das Zirkuszelt)
- Feincordrest in Rottönen (für den Elefanten)
- Stoffreste in verschiedenen Farben (für die Ohren und Wimpel)
- Vliesofix®
- 6 Glitzersteine in 6x Silber und 4x Gold
- Glitzerpapierrest
- Schleifenband in Blau gepunktet, ca. 40 cm lang
- Mini-Holzwäscheklammern
- Zirkel
- Zickzackschere

1 Zuerst bügelst du den rosa Baumwollstoff für den Hintergrundstoff. Übertrage dann de einzelnen Teile von der Vorlage auf den Stoff. Für die Ohren der Elefanten mit einem Zirkel 7,5 cm große Kreise auf Stoffreste aufzeichnen. Jeweils 1 cm von den Kreisen wegschneiden, sodass die Ohrenform entsteht. Bügle zusammen mit einem Erwachsenen Vliesofix® auf alle Stoffteile auf.

2 Lege den Keilrahmen unter den Hintergrundstoff. Die Schutzfolien des Vliesofix® vom Zelt und von den Elefanten abziehen. Das Zelt und die Elefanten auf den Hintergrundstoff auflegen. Lass dabei am unteren Bildrand einen ca. 4 cm breiten Rand für das Band. Den Keilrahmen wieder entfernen. Das Zelt und dann die Elefanten mit einem Baumwolltuch abdecken und auf den Hintergrund aufbügeln. Dann die Ohren aufbügeln.

3 Bügle Vliesofix® auf die Stoffreste auf. Drei Wimpel mit der Zickzackschere ausschneiden und die Wimpel auf das Zirkuszelt aufbügeln. Die Augen kannst du aus Papier oder Stoff gestalten. Das Bild nochmal bügeln und den Keilrahmen unterschieben. Beides umdrehen und den Stoff auf der Rückseite des Rahmens befestigen.

4 Zum Schluss das Schleifenband und die Holzklammern anbringen. Mit Glitzersteinen und Kreisen aus Glitzerpapier kannst du das Zelt noch verzieren.

- Fotokarton in Weiß, A3, und Reste in Flieder, Lila, Grün und Gelb
- Tonpapierreste in Rosa und Weiß
- Motivlocher „Blume", ø 2,2 cm, und „Herz", ø 1,5 cm
- Holzperle in Gelb, ø 1 cm
- Pompon in Gelb, ø 7 mm
- Papierdraht in Gelb, ø 2 mm, 8x 2 cm lang
- Faden in Weiß, 10 cm lang
- Lackdraht in Schwarz, ø 0,5 mm, 40 cm lang
- Lochzange

Vorlage Seite 107

TÜRSCHILD

Willkommen im Märchenschloss!

1 Übertrage das Schloss und das Dach für den Turm von der Vorlage auf weißen Fotokarton und schneide beides aus. Den lila Turm, das fliederfarbene Tor, die gelbe Sonne und den grünen Kreis ebenfalls ausschneiden.

2 Bemale das Schloss mit Bunt- und Filzstiften. Rosa Herzen und eine weiße Blume mit den Motivlochern ausstanzen. Fixiere die Herzen auf dem Schloss. Klebe die Blume auf den grünen Kreis und klebe die Holzperle darauf fest. Klebe den Kreis über das Tor des Schlosses. Ergänze von hinten den kleinen Turm.

3 Ritze die gestrichelte Linie des fliederfarbenen Tores mit einem spitzen Gegenstand und einem Lineal ein. Falte das Tor an der Linie. Loche die eine Torspitze und die Türme des Schlosses. Das Tor auf der Innenseite und auf der Außenseite beschriften. Die Schrift dazu auf Transparentpapier aufzeichnen und auf das Tor durchpausen. Mit Filzstift nachzeichnen. Klebe das Tor fest. Ziehe den Bindfaden als Schlaufe durch das Loch im Tor und verknote ihn. Zum Schließen kann nun die Schlaufe über die Holzperle gelegt werden.

4 Wickle den Draht zum Kräuseln über einen Stift. Bringe den Draht an den beiden Turmlöchern an, indem du den Draht hindurchsteckst und die Enden des Drahts verdrehst. Bemale die Sonne und klebe die Pomponnase und die Papierdrähte an. Klebe die Sonne mit Klebefilm am Draht fest.

HÜBSCHE RAHMEN

für deine Zimmerwand

DAS BRAUCHST DU

Für den Spiegel
- Spiegel, 22 cm x 22 cm
- Moosgummi in Pink, 2 mm stark, A3, und Rest in Gelb
- 8 Moosgummikreise in Grün, ø 1,5 cm
- 8 Stern-Schmucksteine in Gold, ø 1 cm
- 56 Rauten-Schmucksteine in Rot, 1 cm lang

Für den Bilderrahmen
- Bilderrahmen mit 5 cm breitem Rahmen, 25 cm x 25 cm
- Moosgummi in Schwarz, 3 mm stark, A3
- Moosgummireste in verschiedenen Farben, 2 mm stark
- ca. 26 Schmucksteine in Kristall, 8 mm x 6 mm
- evtl. Schmucksteinkleber

Vorlage Seite 106

SPIEGEL

Schneide den Rahmen aus dem pinkfarbenen Moosgummi zu. Die Krone schneidest du achtmal aus dem gelben Moosgummi aus. Den Rahmen dann auf den Spiegel kleben. Die Kronen und die Kreise darauf festkleben. Lass alles gut trocknen und klebe dann die Schmucksteine auf.

BILDERRAHMEN

Lege das Vorderteil des Bilderrahmens als Schablone auf das Moosgummi. Dann schneidest du den Rahmen aus dem Moosgummi aus und klebst das Moosgummi auf den Bilderrahmen. Die Quadrate in verschiedenen Farben und Größen ausschneiden und in beliebiger Reihenfolge auf den Rahmen kleben. Zum Schluss die Schmucksteine festkleben.

SCHMUCKKÖPFCHEN

für deine schönsten Stücke

1 Übertrage den Kopf und die Nase von der Vorlage auf hautfarbenen Fotokarton. Zeichne die Krone auf gelben und den Kragen auf pinkfarbenen Fotokarton auf. Schneide alles mit der Schere aus.

2 Bemale den Kopf mit Filz- und Buntstiften. Klebe die Nase auf. Mit der Lochzange jeweils ein Loch in das Ohr stechen. Bemale den Kragen mit weißen Punkten und klebe ihn unter den Kopf. Schneide 30 ca. 15 cm lange Wollfäden ab. Klebe jeweils 15 Fäden links und rechts auf die Rückseite der Krone. Ein paar Fransen kannst du auch in der Kronenmitte festkleben. Die Krone auf dem Kopf befestigen.

3 Klebe zwei Schaschlikstäbchen vom Kragen bis zur Krone hinter den Kopf, damit er stabiler ist. Die Streichholzschachteln als Abstandshalter zur Wand untereinander auf die Schaschlikstäbchen kleben. Wenn du auf der Rückseite eine Schlaufe aus Wollfaden an den Streichhholzschachteln anklebst, kannst du dein Schmuckköpfchen an der Wand aufhängen. Hänge deine Ketten, Haargummis, Haarspangen, Ringe und Ohrringe zur Aufbewahrung an den Kopf.

Tipp

Der Kopf aus Fotokarton ist nur für leichten Schmuck gedacht. Du kannst den Kopf aber auch aus Holz arbeiten. Dann ist er stabiler und hält länger.

DAS BRAUCHST DU

- Fotokarton in Hautfarbe, A4, und Reste in Gelb und Pink
- Wolle in Hellbraun
- 2 Klebepunkte in Schwarz, ø 8 mm
- 2 Schaschlikstäbchen
- 2 leere Streichholzschachteln

Vorlage Seite 103

SCHATZKÄSTCHEN UND NOTIZBUCH

für kleine Geheimnisse

DAS BRAUCHST DU

Für das Schatzkästchen

- ovale Pappmascheedose, ø 20 cm
- 4 Röschen auf Schleife in Weiß, ø 2 cm
- 33 Wachsperlen in Weiß, ø 4 mm
- Blümchenborte in Rosa, 1 cm breit, 60 cm lang
- Plüsch in Rosa, 10 cm breit, 60 cm lang
- 2 Strasssteine in Weiß, ø 8 mm
- Acrylfarbe in Türkis metallic
- Lackmalstift in Gold
- Glitzerkleber
- Heißkleber

Für das Notizbuch

- Notizheft, 13 cm x 8 cm
- Röschen auf Schleife in Weiß, ø 2 cm
- 3 Wachsperlen in Weiß, ø 4 mm
- Blümchenborte in Rosa, 1 cm breit, 12 cm lang
- Strassstein in Weiß, ø 8 mm
- Fotokartonrest in Rosa

Vorlage Seite 105

SCHATZKÄSTCHEN

1 Male die Pappmascheedose und den Deckel in Türkis an und lass die Farbe trocknen. Das Motiv von der Vorlage mit einem weichen Bleistift auf Transparentpapier abpausen. Das Papier umdrehen, auf die Schachtel legen und die Linien nachziehen, sodass die Motive auf die Schachtel übertragen werden.

2 Die Umrisse zeichnest du mit Lackmalstift, die großen Schnörkel mit Glitzerkleber nach. Male goldfarbene Punkte auf und schreibe deinen Namen auf. Die Blümchenborte klebst du mit Heißkleber auf den Rand des Deckels. Den Plüschstreifen längs zur Hälfte falten und auf die Schachtel aufkleben. Die Perlen auf die Kronenspitzen kleben. Zum Schluss kannst du deine Schachtel noch mit Röschen und Strasssteinen schmücken.

NOTIZBUCH

Schneide den Fotokarton auf die Größe des Notizheftes zu und überklebe die Vorderseite des Notizheftes damit. Jetzt wie oben beschrieben die Krone und den Schnörkel von der Vorlage auf den Fotokarton übertragen. Die Linien mit dem Lackmalstift und dem Glitzerkleber nachziehen und die Farbe trocknen lassen. Die Blümchenborte befestigst du am linken Rand. Die Rose, die Wachsperlen und den Strassstein aufkleben.

MAGNETE IN PASTELL

halten deine Notizen

DAS BRAUCHST DU

- Fimo® in Weiß, Himbeere, Lavendel, Pflaume, Brillantblau, Sonnengelb und Apfelgrün
- Fimo® effect in Glitterweiß
- Ausstecher „Herz", ø 1,5 cm, und „Quadrat", 3 cm x 3 cm
- Strasssteine in 1x Hellblau, ø 5 mm, und 2x Hellgrün, ø 4 mm
- Zahnstocher
- evtl. Modellierwerkzeug

Vorlage Seite 108

1 Als Basis belegst du eine ausgewalzte Platte Fimo® mit Mustern und walzt sie dann noch einmal glatt, sie sollte ca. 5 mm dick sein. Daraus die Formen ausstechen.

2 Für den Herzmagnet mehrere Grüntöne für den Hintergrund vermischen. Das Herz ausstechen und aufsetzen. Für den Erdbeermagnet die Erdbeere aus flachen Motivteilen zusammensetzen und die Löcher z. B. mit einem Zahnstocher eindrücken. Für den Magneten mit Strasssteinen den Hintergrund aus weißem und blauem Fimo® fertigen. Einen dünnen Streifen aufsetzen und den Strassstein eindrücken. Beim Spiralenmagnet die Spirale mit einem Zahnstocher einstechen. An den Ecken kleine Knetkugeln aufsetzen und Löcher in die Mitten der Kugeln stechen.

3 Für den Rosenmagnet rollst du ein Rechteck auf und befestigst es auf drei kleinen Knetblättern. Für den Blattmagnet einen Streifen auf eine rosa Fimo®-Platte legen und die Platte walzen. Das Blatt ausschneiden, aufsetzen und die Adern mit einem Messer einritzen. Die Löcher einstechen. Für den Träumerei-Magnet verschiedenfarbige Kugeln auf eine hellblaue Platte legen. Die Platte walzen. Beim Blumenmagnet Fimo®-Würste als Stiele auflegen. Die Kugeln aufdrücken. Löcher in die Mitten der Kugeln einstechen.

4 Für den Blütenmagnet legst du fünf weiße Kügelchen kreisförmig an und drückst sie mit einen Zahnstocher ein. Eine gelbe Kugel in die Mitte setzen. Für den Vogelmagnet die einzelnen Teile aus Fimo®-Platten ausschneiden und zusammensetzen. Die Vertiefungen mit einem Zahnstocher stechen. Für den Kugelmagnet kleiner werdende Kügelchen nacheinander aufsetzen. Stich ein Loch in die oberste Kugel und verziere den Rand mit einem Lochmuster. Für den Fantasiemagnet weiße und grüne Streifen auf die Platte legen und die Platte walzen. Die Strasssteine eindrücken.

5 Die Motive im Backofen härten. Nach dem Auskühlen klebst du noch Magnete auf die Rückseiten auf – fertig!

BLÜTEN-LICHTERKETTE

DAS BRAUCHST DU

Pro Blüte
- Papperest
- je 5 Faltblätter in Rosa oder Pink, 10 cm x 10 cm
- Lichterkette

Vorlage Seite 109

erleuchtet dein Zimmer

1 Zuerst fertigst du dir vom Motiv eine Schablone an (siehe dazu Seite 5).

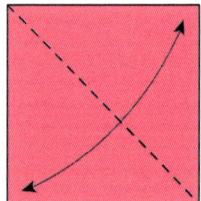

2 Jatzt faltest du das Papier diagonal und öffnest es wieder.

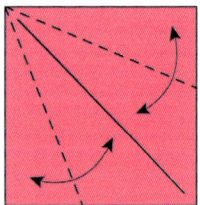

3 Die beiden Seiten an den gestrichelten Linien zur Mitte falten und wieder öffnen.

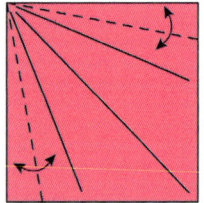

4 Die beiden Seiten jeweils bis zur ersten Faltlinie nach innen falten und wieder öffnen.

5 Das Ganze diagonal falten.

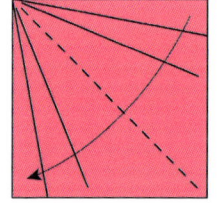 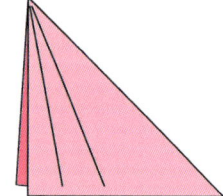

6 Lege nun deine Schablone auf und zeichne die Umrisse mit Bleistift nach (rote Linien). Die roten Linien mit der Schere nachschneiden. Das erste Blütenblatt ist fertig. Fertige vier weitere Blütenblätter an.

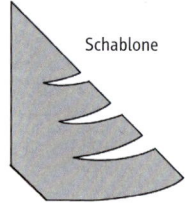

Schablone

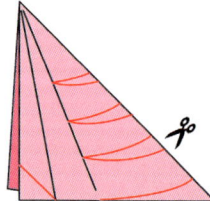

7 Bestreiche den linken Faltabschnitt eines Blütenblatts mit Klebstoff (gelbe Linien), lege ein zweites Blütenblatt auf und drücke es an. Die restlichen drei Blütenblätter ebenso ankleben. Das letzte Blütenblatt an das erste Blütenblatt kleben. Jetzt ist deine Blüte fertig.

8 Nun musst du nur noch oben die Spitze abschneiden, damit du das Birnchen samt Fassung durchstecken kannst.

DEKO-BLUMEN

Flower Power im Kinderzimmer!

Vorlage Seite 102

DAS BRAUCHST DU

- 3 leere Toilettenpapierrollen
- 3 Trinkhalme
- Acrylfarbe in Dunkellila, Flieder, Gelb, Pink, Rosa und Rot
- Fotokarton in Hellgrün, 20 cm x 20 cm
- Heißkleber

1 Male die Toilettenpapierrolle innen und außen bunt an. Lass die Farbe gut trocknen. Schneide die Rolle im Abstand von 1 cm rundherum an beiden Seiten 4 cm tief ein. Biege die Pappstreifen nach außen.

2 Klebe einen Trinkhalm mit Heißkleber mittig an die Blume. Lass dir von einem Erwachsenen dabei helfen. Wenn du magst, kannst du der Vorlage nach noch grüne Blätter aus Fotokarton ausschneiden und sie an den Blumenstiel kleben.

ADRETTE WANDHAKEN

für Zopfgummis und mehr

DAS BRAUCHST DU

- Fotokarton in Rosa, Hellblau, Mittelblau, A4, und Reste in Weiß, Rosatönen und Dunkelblau
- Geschenkpapierrest in Silber glänzend
- Schmucksteine in Silber, 3x ø 1 cm, 14x ø 3 mm, 17x ø 2 mm
- Garderobenleiste in Silber matt, 2 cm x 27 cm
- Pappe, 28 cm x 14 cm

Vorlage Seite 108

1 Schneide einzelnen Teile des Ponys aus und male sie mit Filzstiften an. Klebe das Auge auf und male dem Pony Wimpern. Die Wangen mit Buntstiftabrieb röten. Die Hufe, die Mähne und den Schweif klebst du von vorne auf den Körper, die Krone von hinten.

2 Die rosa Standfläche mit der Pappe hinterkleben, damit dein Pony stabil steht. Die Garderobenleiste festkleben. Jetzt kannst du das Pony mit Schmucksteinen und Herzen verzieren: Drei Strasssteine schmücken die Mähne, drei weitere die Zacken der Krone. Die mittelgroßen Schmucksteine auf das linke Herz aufkleben, die kleinen Schmucksteine auf das rechte Herz. Die großen Schmucksteine klebst du in die Zwischenräume zwischen den Haken.

UTENSILO

für deine Stifte

DAS BRAUCHST DU

- ½ Packung selbsttrocknende Modelliermasse in Granitoptik
- Glasnuggets in Türkis, ø 2 cm
- Mosaiksteine in Hellgrün
- Glitzerkleber in Dunkelblau
- Teigroller
- Modellierholz

Vorlage Seite 105

1 Rolle die Modelliermasse zu einer 5 mm starken Platte aus. Schneide das Rechteck und den Kreis nach der Vorlage aus. Glätte die Ränder.

2 Lege das Rechteck um den Kreis herum und drücke es fest. Die Seitenränder verbindest du, indem du mit einem Modellierholz darüberfährst. Lass die Modelliermasse gut trocknen. Dies dauert ein bis zwei Tage.

3 Verziere das Utensilo mit Glasnuggets, Mosaiksteinchen und mit blauem Glitzerkleber. Lass alles gut trocknen. Fertig ist dein perfekter Stiftständer.

2

3

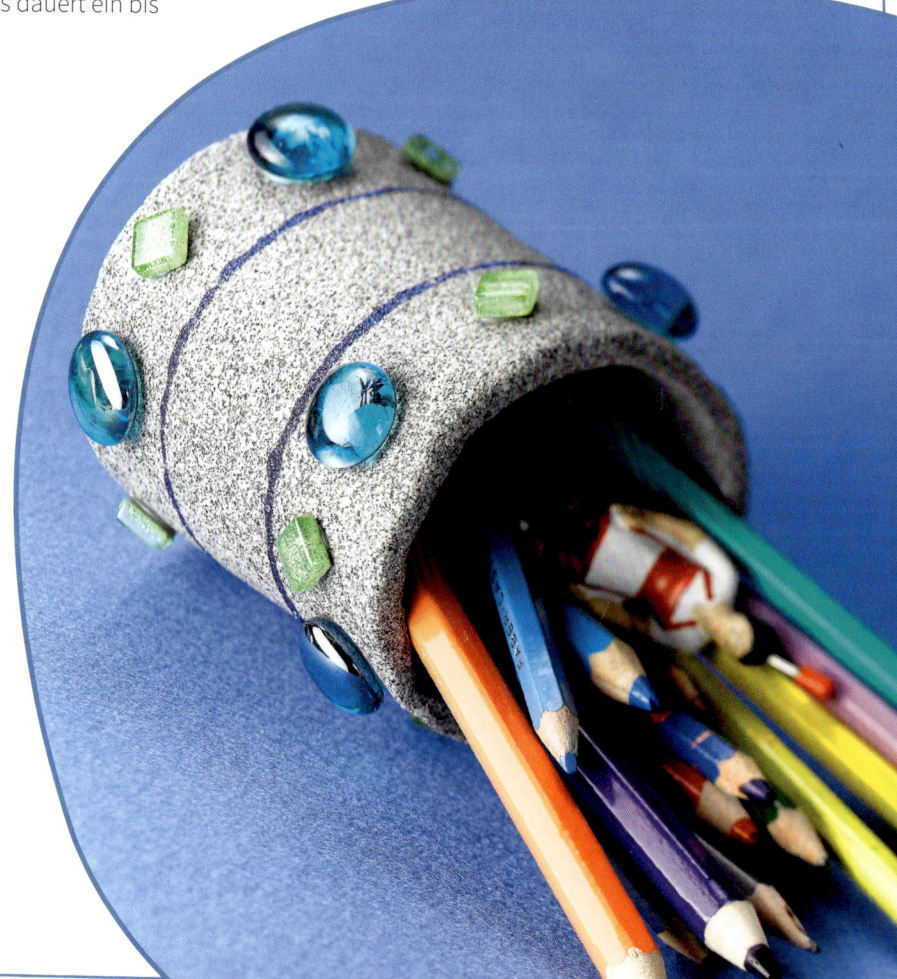

KÄTZCHEN-SCHACHTEL

für deinen Krimskrams

DAS BRAUCHST DU

Für das Utensilo
- Schuhkarton ohne Deckel
- fester Karton, A4
- Fotokartonreste in Pink, Rosa und Grau
- Plüschpompon in Schwarz, ø 7 mm
- Acrylfarbe in Blau und Grün
- Schaschlikstäbchen

Vorlage Seite 108

1 Schneide Kätzchen und Maus der Vorlage nach aus. Klebe einen Halbkreis aus festem Karton auf eine Längsseite deiner Schachtel auf. Der Halbkreis muss so groß sein, dass er bündig mit dem Karton endet. Alles blau bemalen und die Farbe trocknen lassen. Mit der Rückseite eines Schaschlikstäbchens tupfst du jetzt grüne Punkte auf die Schachtel.

2 Die Maus an die höchste Stelle des Halbkreises ankleben. Das Gesicht der Maus gestalten, wie oben beschrieben. Die Katze auf die Vorderseite der Schachtel aufkleben, den Schwanz der Katze auf die Rückseite.

KLEINE BALLERINA

verschönert dein Fenster

DAS BRAUCHST DU

- Fotokarton in Hautfarbe, A4,
  und Reste in Rosa und Gelb
- Motivkartonrest in Rosa
  mit Blumenmuster/Pink gemustert
- Strohseide in Rosa, A4
- Glitzersticker „Blümchen" in Rosa-Pink
- Satinband in Rosa, 6 mm breit,
  2x 4 cm lang
- Abstandsklebepad

Vorlage Seite 104

1 Schneide zunächst alle Teile der Vorlage nach aus. Die hautfarbenen Teile schattierst du mit hellbraunem Buntstift. Male die schwarzen Augen, den pinkfarbenen Mund und die rosa Bäckchen auf und klebe die Nase mit einem Abstandsklebepad auf. Den Lichtpunkt mit weißem Lackmalstift aufmalen. Die Haare schattierst du in Orange. Die Satinbandstücke seitlich auf den Haarknoten kleben und zurechtschneiden. Den Knoten hinter dem Kopf befestigen.

2 Klebe das rosa Trikot auf den Körper und male die Verzierung mit weißem Lackmalstift auf. Das rosa Glitzerblümchen und den pinkfarbenen Gürtel befestigen. Der Rock besteht aus drei Teilen: Die oberste Lage aus Motivkarton mit rosa Buntstift umranden. Die unteren zwei Lagen aus Seidenpapier zuschneiden. Das Seidenpapier in der Hand zusammenknüllen und wieder glatt streichen. Noch zweimal zusammenknüllen. Die unteren Lagen dann untereinander unter dem Kartonrock festkleben. Die Tanzschuhe auf die Beine aufkleben. Die Bänder malst du mit pinkfarbenem Filzstift auf. Nun noch die Beine unter dem Rock befestigen und deine Ballerina kann lostanzen.

WIMPELGIRLANDE

schmückt dein Kinderreich

Tipp

Für die Blümchen schneidest du acht bis zehn Papierstreifen mit den Maßen 1,2 cm x 15 cm zu. Falte die Streifen nach 7 cm und 14 cm. Klebe die Streifen zusammen, sodass ein ca. 7 cm langes Blütenblatt entsteht. Die Blütenblätter zu einem Kreis zusammenkleben. Zum Aufhängen einen Faden hindurchfädeln.

DAS BRAUCHST DU

- Motivpapiere in verschiedenen Farben
- Tonpapier in Weiß
- Tortenspitze
- Satinband in Rot

Vorlage Seite 105

1 Schneide die Wimpel nach der Vorlage aus dem Motivpapier zu: Sie sind 21 cm hoch und 12 cm breit. Bitte einen Erwachsenen, dir die Buchstaben deines Namens in der Größe von ca. 200 pt auszudrucken. Mach dir Schablonen von den Buchstaben und schneide deinen Namen aus Tonpapier aus.

2 Schneide je zwei Spitzenbordüren von der Tortenspitze ab und klebe sie hinter die Wimpel. Die Buchstaben klebst du auf die Vorderseite der Wimpel. Die Schlitze ca. 1 cm vom oberen Rand entfernt und parallel zu den Seitenrändern einschneiden. Zum Schluss das Satinband durch die Schlitze ziehen und deine Girlande aufhängen.

MUSCHEL-BILDER

schöne Ferienerinnerung

DAS BRAUCHST DU

- Salzteig (250 g Salz, 250 g Mehl, 1 EL Öl, Wasser)
- Muscheln in verschiedenen Größen
- Sand
- Acrylfarbe in Weiß
- Kordel in Blau-Weiß, ø 3 mm, 52 cm lang

Vorlage Seite 109

1 Rolle den Teig 5 mm dick aus. Nun schneidest du aus dem Teig zwei Platten aus, bei einer Platte schneidest du noch mittig einen Kreis aus. Streue etwas Sand in die Mitte der Platte ohne Ausschnitt und rolle ihn mit einer Teigrolle leicht ein. Die äußeren Ränder der Platte mit Wasser befeuchten. Die Platte mit Ausschnitt auf die Platte ohne Ausschnitt drücken. Die Ränder nachschneiden.

2 Jetzt kannst du deine Lieblingsmuscheln eindrücken. Für die Aufhängung stichst du jeweils acht Löcher (ø 4 mm) nach der Vorlage mit einem Schaschlikstäbchen in den Salzteig. Den Salzteig bei 100 Grad und geöffneter Ofentür etwa eine Stunde lang backen, dann bei 150 Grad und geschlossener Ofentür mehrere Stunden weiterbacken. Nach dem Abkühlen malst du den Rahmen mit weißer Acrylfarbe an. Die Farbe trocknen lassen. Die Kordel hindurchziehen und die Enden der Kordel verknoten. Nun kannst du deine Urlaubserinnerung aufhängen.

PERLEN-MOBILE

Träume in Rosa-Lila

1 Fixiere eine Acrylperle „Blume" in der Mitte eines 30 cm langen Nylonfadens. Nimm beide Enden des Nylonfadens zusammen und ziehe über beide Fäden Perlen auf. Wähle die Farben, die Formen und die Muster der Perlen, wie es dir gefällt. Ziehe dann Perlen auf sechs weitere, unterschiedlich lange Nylonfäden auf.

2 Befestige die Perlenketten an einem schönen Ast aus der Natur. Wo soll dein Mobile hängen: am Fenster, an der Wand oder vielleicht an der Decke?

DAS BRAUCHST DU

- Rocailles in Weiß opak, ø 2,6 mm, und Rosa opak, ø 2,2 mm
- Holzperlen in Lila, 3x ø 1,5 cm, Rosa, 2x ø 1,5 cm, Lila, 21x ø 4 mm
- 19 Indianerperlen in Weiß, ø 4,5 mm
- Glasschmuckperlen in Lila, 7x ø 1 cm, 4x ø 1,5 cm
- 25 Silberperlen, ø 4 mm
- Acrylperlen „Blume" in Lila, 8x ø 2 cm, 1x ø 3,5 cm
- Nylonfaden, ø 0,3 mm
- Ast, ca. 20 cm lang

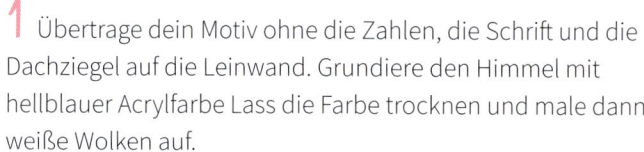

DAS BRAUCHST DU

- Keilrahmen, 30 cm x 30 cm
- Acrylfarbe in Hellblau, Dunkelrot, Gelb, Grün, Magenta, Rosa, Violett und Weiß
- Dekopapier in Weiß-Rosa-Rot gemustert, A5 (für die Bodenflächen)
- Dekopapier, gemustert, A5 (für die Uhr)
- Zackenlitze in Weiß, 0,7 cm breit, 2,40 m lang
- Filzblumen in Rosa, ø 2,5 cm
- dicker Nagel

Zusätzlich für das Uhrwerk
- Uhrwerk, ø 11 mm
- Zeiger passend zum Uhrwerk, Stundenzeiger 3,5 cm lang, Minutenzeiger 5 cm lang
- Unterlegscheiben aus Gummi, ø 7 cm

Für die Pompons
- Karton, Stärke 1 mm, ca. 20 cm x 15 cm
- Strick- und Filzwolle in Rosa, ca. 20 m lang
- stumpfe Wollnadel mit einer großen Öse
- 2 Holzkugeln mit Loch, je ø 2 cm

Vorlage Seite 109

1 Übertrage dein Motiv ohne die Zahlen, die Schrift und die Dachziegel auf die Leinwand. Grundiere den Himmel mit hellblauer Acrylfarbe Lass die Farbe trocknen und male dann weiße Wolken auf.

2 Mische Weiß mit etwas Magenta und Gelb zu hellem Rosa und male damit den großen Kreis der Uhr aus. Mit derselben Farbe den Flügel des Vogels grundieren. Etwas Hellrosa für die Herzen auf dem Zaun aufbewahren. Die übrige Farbe mit wenig Magenta und Blau mischen und die Hausfläche, das Herzfenster innen und den Zaun gestalten. Noch einmal Magenta und Blau untermischen und die Stufen und den Kaminaufsatz grundieren. Die Farbe ein letztes Mal mit Blau und Magenta abdunkeln und das Dach, den Kuckuck und den Kamin malen.

3 Das Gebüsch malst du in Grün auf. Für die Blätter im Gebüsch mischst du etwas Weiß in das Grün. Die Farben trocknen lassen. Das Haus weiß umranden und die Farbe trocknen lassen. Das Herzfenster und den Schnabel des Vogels in Dunkelrot und die Herzen auf dem Zaun in Hellrosa aufmalen.

4 Übertrage die Dachziegeln, die Schrift und die Zahlen auf die Leinwand. Den Umriss des Hauses, die Treppe und die Wolke sowie die Dachziegel, die Schrift und die Zahlen malst du in Violett nach. Die Zeiger mit unterschiedlichen Rosatönen bemalen. Trocknen lassen. Das Dekopapier für die Bodenflächen ausschneiden und aufkleben. Die Filzblumen auf die Bodenflächen und die Zackenlitze an den Bildrand kleben.

5 Die Leinwand in der Mitte des Ziffernblatts mit dem Nagel durchstechen und das Loch vorsichtig vergrößern. Die Unterlegscheiben auf die Achse des Uhrwerkes stecken. Das Uhrwerk von hinten durch die Leinwand schieben und von vorne mit der Zentralschraube festschrauben. Zuerst den Stundenzeiger, dann den Minutenzeiger auf der Achse montieren und mit der Mutter verschließen. Das Ziffernblatt mit Dekopapier verzieren.

6 Die Pompons anfertigen (siehe dazu Seite 8). Die Zackenlitzen an den Pompons befestigen. Die Holzkugeln aufziehen. Die Zackenlitzen auf der Rückseite des Keilrahmens festkleben.

KUCKUCKSUHR

Ist es wirklich schon so spät?

GESCHENKPAPIER-STIFTE

schön bunt

DAS BRAUCHST DU

- Holzbleistifte
- Geschenkpapierreste
- Pappe
- Cutter mit Schneidunterlage

Vorlage Seite 106

1 Schneide eine Vorlage für deine Geschenkpapierstreifen aus Pappe aus: Du brauchst einen 3 cm x 17 cm langen Streifen. Lege den Streifen auf das Geschenkpapier und fahre mit dem Cutter entlang der Ränder des Streifens. Streiche den Geschenkpapierstreifen mit Klebstoff ein. Den Kleber gleichmäßig verstreichen, besonders an den Ecken und Rändern.

2 Lege den Bleistift der Länge nach auf das Geschenkpapier und rolle ihn in das Geschenkpapier ein. Streiche die Naht schön glatt. Fertig ist dein perfektes Geschenk!

Tipp

Du kannst die Stifte auch verschönern, indem du einfach buntes Masking Tape darum herumklebst.

GLÜCKSKETTE

für deine beste Freundin

1 Ziehe eine gelbe Perle auf einen 40 cm langen Magic-Stretchfaden auf. Ziehe das rechte Fadenende von links nach rechts durch die Perle, um die Perle zu fixieren (siehe dazu auch Seite 6/7).

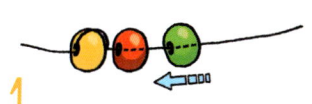

2 Fädele eine rote und eine grüne Perle auf. Dieses Perlenmuster wiederholst du noch 13 Mal. Ziehe das Kleeblatt auf. Wiederhole das Muster weitere 14 Mal. Verknote die Fadenenden mehrmals miteinander.

DAS BRAUCHST DU

- Glas-Großlochradl in Rot, Gelb, Grün, ø 6 mm
- Metallanhänger „Kleeblatt"
- Magic-Stretchfaden (elastischer Nylonfaden), ø 0,5 mm

PAPPTORTE

für besondere Anlässe

1 Klebe die Schachteln zu und befestige sie aufeinander. Die Wellpappe klebst du mit der glatten Seite auf die Oberseite der Torte. Den Schachtelrand mit einem 5 cm x 38 cm großen Stück Wellpappe beziehen. Sieben 2 cm x 70 cm große, rosa Wellpappestreifen um die untere Etage herum kleben. Du kannst auch eine weitere Schachtel mit einem Durchmesser von 12–13 cm verwenden. Einen 0,5 cm x 38 cm großen, pinkfarbenen Wellpappestreifen auf den oberen Tortenrand kleben.

2 Lege die Kreisschablone A auf die Torte. Markiere die Stellen für die Kerzen. Die Löcher mit einer Nadel stechen und mit einer spitzen Schere erweitern. Kürze die Toilettenrolle auf 3,5 cm und umklebe sie mit gelber Wellpappe. Einen 1 cm x 70 cm großen Wellpappestreifen um die Unterseite herum aufkleben. Klebe einen Kreis aus Wellpappe mit der glatten Seite unten auf die Rolle (Kreisschablone B). Klebe einen weiteren Kreis in Gelb auf (Kreisschablone C). Befestige die Rolle auf der Torte.

3 Jetzt kannst du die Torte mit Plusterfarbe verzieren. Nach ca. sechs Stunden Trocknungszeit die Farbe mit einem Föhn aufplustern. Die aus Tonpapier ausgestanzten Herzen aufkleben. Zum Schluss die Kerzenhalter in die Löcher stecken.

DAS BRAUCHST DU

- 2 Käseschachteln, ø 11 cm
- Tonpapierrest in Pink
- Feinwellpappe in Gelb und Rosa, 50 cm x 70 cm
- Toilettenpapierrolle
- 6 Partykerzen mit Kerzenhalter in Rosa, 6 cm hoch
- Plusterfarbe in Weiß
- Föhn
- Motivlocher „Herz"

Vorlage Seite 102

BUNTER BLUMENSTRAUSS

Mitbringsel für Freundinnen

1 Schneide jeden Bogen Seidenpapier auf eine Größe von 15–20 cm x 50 cm zu. Lege die Bögen möglichst genau übereinander. Falte sie zu einer Ziehharmonika zusammen. Drehe den Chenilledraht um die Mitte der Ziehharmonika, damit die Papierbögen halten. Schneide die Enden der Ziehharmonika ein: Du kannst sie rund, fransig oder spitz zuschneiden!

2 Fächere die Ziehharmonika wieder leicht auf. Klebe die gegenüberliegenden Seiten zusammen, sodass ein Kreis entsteht. Schaue von oben auf den Kreis. Ziehe das Seidenpapier Schicht für Schicht vorsichtig nach oben. Lass dir dabei evtl. von einem Erwachsenen helfen. Je weiter du unter das Papier greifst, desto geringer ist die Gefahr, dass es einreißt.

DAS BRAUCHST DU

- Seidenpapier (2 Bögen pro Farbe)
- Chenilledraht in Grün

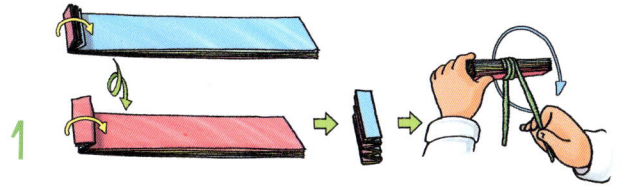

für Glücksgeschenke

DAS BRAUCHST DU

- Stoffreste in verschiedenen
  Farben
- Vliesofix®
- Fotokarton- oder Scrap-
  bookingpapierreste

Vorlage Seite 107

1 Schneide den Stoff und das Papier in der gewünschten Farbe zu. Bügele den Stoff. Das Vliesofix®
mit der Klebeseite auf die Rückseite des Stoffes legen.
Die Bügelfolie darf nicht über den Rand des Stoffes
hinausragen. Das Vliesofix® fest aufbügeln. Die Schutz-
folie abziehen.

2 Die mit Klebstoff versehene Stoffrückseite auf die
Rückseite des Scrapbookingpapiers legen. Mit Backpapier abdecken und mit Druck bügeln, sodass der
Stoff und das Papier verbunden werden. Abkühlen
lassen und evtl. glatt pressen.

3 Prüfe, ob alles gut miteinander verbunden ist. Evtl.
kannst du mit einem Klebestift nachbessern. Das Motiv
auf die Papierseite übertragen. Den Geschenkanhänger ausschneiden. Das Auge und die Öse mit dem
Bürolocher stanzen. Zum Schluss das Schleifenband
durch die Öse fädeln. So werden deine Geschenke un-
verwechselbar.

SCHLÜSSEL- ANHÄNGER

für Herzensfreundinnen

DAS BRAUCHST DU

- Fimo® in Weiß, Gelb, Orange und Rosa
- Satinband in Pink
- Ausstecher „Herz" in vier Größen
- Schlüsselring

Vorlage Seite 106

1

2

3

1 Rolle Fimo® in Weiß, Gelb, Orange und Rosa flach aus und stich vier Herzen mit den Ausstechern aus.

2 Glätte die Ränder der Herzen. Befestige die Herzen der Größe nach aufeinander. Ein Loch für die Aufhängung mit einem Zahnstocher in das Herz bohren. Lass das Herz nach Herstellerangaben im Ofen aushärten.

3 Fädle die Enden des Satinbandes durch das Loch, verknote das Band und schlinge es um den Schlüsselring.

SCHÄCHTELCHEN

für kleine Aufmerksamkeiten

MÄUSE

Die Schachtel als Schablone verwenden und mit gelbem Moosgummi bekleben. Die Löcher malst du mit einem schwarzen Filzstift auf. Das Innere der Löcher schraffierst du. Für den braunen Streifen die Vorlage verwenden. Alle Teile der Mäuse ausschneiden und bemalen. Die schwarzen Mini-pompons für die Nasen aufkleben. Zum Schluss klebst du die Mäuse auf die Schachtel.

SCHNECKE

Verwende wieder die Schachtel als Schablone für den Hinter-grund. Den Körper und das Haus der Schnecke ausschneiden und bemalen. Den Körper der Schnecke auf die Schachtel kleben. Zwei 3 cm lange Stücke Chenilledraht für die Fühler darunter kleben. Das Schneckenhaus und die Wackelaugen aufkleben.

GIRAFFE

Die Schachtel als Schablone für den Hintergrund verwenden. Schneide den Kopf und die Ohren der Giraffe aus. Die Flecken mit braunem Filzstift aufmalen. Für das Maul verwendest du einen roten Filzstift. Für die Hörner zwei 3 cm lange Stücke Chenilledraht abschneiden. Ein Ohr und die Hörner an den Kopf ankleben. Den Kopf festkleben. Jetzt klebst du noch das zweite Ohr und die Wackelaugen auf.

ELEFANT

1 Klebe den Hintergrund auf die Schachtel. Den Kopf und den Körper des Elefanten ausschneiden, bemalen und die Wackelaugen aufkleben. Für den Schwanz ein ca. 3 cm langes Stück Chenilledraht bis auf 5 mm „rasieren", d. h. den Plüsch mit einer Schere kürzen, sodass eine Quaste übrig bleibt.

2 Den Körper des Elefanten auf die Schachtel kleben und den Schwanz darunter stecken, damit er mit festgeklebt wird. Für die Stoßzähne zwei 2 cm lange Stücke Chenilledraht mit der Schere an einem Ende spitz zuschneiden. Klebe die Stoß-zähne zusammen mit dem Kopf auf den Körper.

DAS BRAUCHST DU

Pro Schachtel
- große Streichholzschachtel, 11 cm x 6,5 cm x 2 cm

Zusätzlich für die Mäuse
- Moosgummireste in Braun, Gelb und Weiß, 2 mm stark
- 2 Minipompons in Schwarz, ø 8 mm

Für die Schnecke
- Moosgummireste in Grün, Grau und Pink, 2 mm stark
- 2 Wackelaugen, ø 5 mm
- Chenilledraht in Braun gestreift, 2x 3 cm lang

Für die Giraffe
- Moosgummireste in Grün und Gelb, 2 mm stark
- 2 Wackelaugen, ø 5 mm
- Chenilledraht in Braun gestreift, 2x 3 cm lang

Für den Elefant
- Moosgummireste in Pink und Grau, 2 mm stark
- 2 Wackelaugen, ø 5 mm
- Chenilledraht in Weiß, 1x 3 cm und 2x 2 cm lang

Vorlage Seite 109

BUNTE LECKEREIEN

für Zuckerschnuten

DAS BRAUCHST DU

- Essknete in Rot, Gelb, Blau und Grün
- Zuckerkonfetti
- Papierförmchen für Muffins und Pralinen
- Schaschlikstäbchen
- Teigroller

1 Forme für die Muffins jeweils eine Kugel aus Essknete, die genau in das Muffinförmchen passt. Für die Mini-Muffins formst du jeweils eine etwas kleinere Kugel und setzt sie in die Pralinenförmchen. Verziere deine Muffins wie abgebildet mit einer dünn ausgerollten runden Teigplatte und einer kleinen Teigkugel als Kirsche. Zum Schluss kannst du auch noch Zuckerkonfetti aufstreuen.

2 Für die runden Lollis brauchst du zwei oder drei ca. 5 mm dicke Rollen Teig in verschiedenen Farben. Verdrehe die Rollen miteinander und rolle sie zu einer Schnecke auf. Stecke zum Schluss ein halbes Schaschlikstäbchen als Lollistiel in den Teig. Forme für die länglichen Lollis drei kürzere, ca. 1,5 cm breite Rollen. Verdrehe die Rollen miteinander und stecke sie auf ein halbes Schaschlikstäbchen.

3 Härte alle Süßigkeiten nach Herstellerangaben im Backofen.

SCHWEINCHEN

bringen Glück

DAS BRAUCHST DU

• Papier in Rosa/Weiß, 10 cm x 10 cm

1 Falte das Papier zu einem Dreieck.

2 Falte das Dreieck in der Mitte und lege es so vor dich hin, dass die Faltlinie (= Strichpunktlinie) als Bergfalte nach oben zeigt.

3 Falte die beiden seitlichen Ecken zur Mitte und wieder nach außen.

4 Falte dieselben Ecken an den gestrichelten Linien nach innen.

5 Falte die Ohren des Schweins an den gestrichelten Linien nach außen.

6 Falte für den Rüssel die untere Ecke nach oben.

7 Falte die obere und die untere Ecke des Rüssels nach hinten.

8 Zum Schluss die Augen und die Nasenlöcher aufmalen.

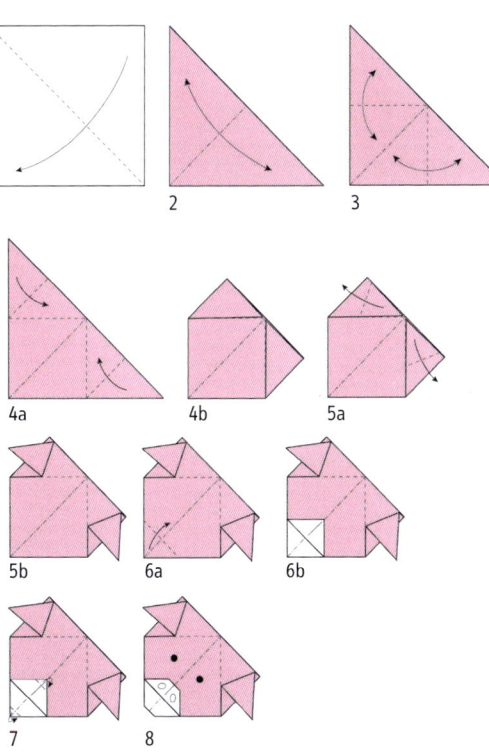

93

BLUMEN-VASEN

für liebe Freundinnen

1 Reiße das weiße und das orangefarbene Papier in kleine Stücke. Ca. 30 Blumen aus den anderen Papieren ausstanzen. Klebe die Papierstücke wie abgebildet mit Tapetenkleister überlappend auf die Joghurtflaschen auf. Lass den Kleister trocknen. Die mittlere Vase mit den ausgestanzten Blumen ist dann schon fertig.

2 Klebe die gelben Papierblumen auf die orangefarbene Vase auf. Schon ist auch die zweite Vase fertig.

3 Die letzte, weiße Vase bestempelst du mit einem Blumenmuster – fertig!

Tipp
Mischt man Lebensmittelfarbe oder Tinte ins Blumenwasser, verändern manche Blüten ihre Farbe. Besonders gut klappt das bei weißen Tulpen!

BLUMENTÖPFCHEN

Geschenk für jeden Anlass

1 Bemale das Tontöpfchen mit der gelben Acrylfarbe und lass die Farbe gut trocknen. Fülle den Steckschaum in das Töpfchen und klebe Moos auf den Steckschaum. Den Marienkäfer aus Holz aufkleben.

2 Führe für die Blume acht gelbe Perlen in die Mitte eines 50 cm langen Drahtes. Fädle das rechte Drahtende von rechts nach links durch die erste Perle und ziehe dann gleichmäßig an beiden Drahtenden (siehe dazu auch Seite 6/7). Es entsteht ein Kreis.

3 Für das erste Blütenblatt drei rote Perlen auf das rechte Drahtende ziehen. Den Draht durch die Perlen zurückführen. Den Draht durch die nächste gelbe Perle im Kreis fädeln. Es folgendas zweite Blütenblatt mit vier, das dritte Blütenblatt mit drei und das vierte Blütenblatt mit vier roten Perlen. Die anderen vier Blütenblätter mit dem linken Drahtende fädeln.

4 Ziehe für den Stengel acht hellgrüne Perlen gemeinsam über beide Drähte. Die Drähte trennen und jeweils neun grüne Perlen darauf auffädeln. Die Enden der Drähte ziehst du jeweils durch die letzte Perle. Stecke die Blume zum Schluss in die Steckmasse.

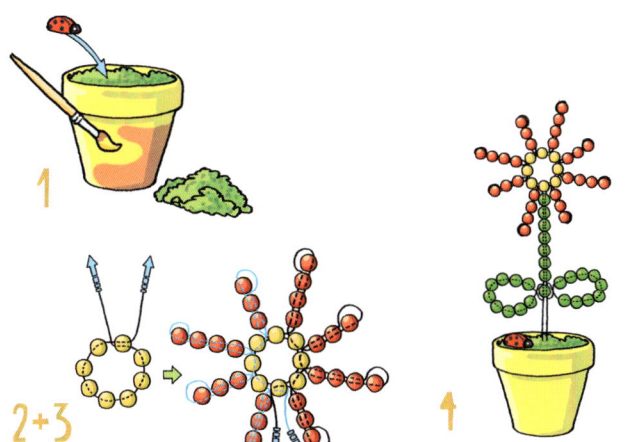

DAS BRAUCHST DU

- Tontöpfchen, ø 3 cm, 3 cm hoch
- Acrylfarbe in Gelb
- Holzperlen in Hellgrün, Rot und Gelb, ø 4 mm
- Perlenfädeldraht, ø 0,3 mm
- Marienkäfer aus Holz, ø 1 cm
- Steckschaum, 3 cm x 3 cm
- Moos

LAVENDELHERZEN

für dich genäht

DAS BRAUCHST DU

- Bastelfilz in Lavendellila, 20 cm x 15 cm
- Getrockneter Lavendel, 3 g pro Herz
- Füllwatte (großes Herz), 3 g
- Füllwatte (kleines Herz), 2 g
- Blumenborte, 8 mm breit, 7,5 cm lang
- Stoffblüte, ø 20 mm
- 7 Strasssteine in Silber, ø 3 mm
- Perlgarn in Regenbogenfarben
- Sticknadel mit Spitze
- Stecknadeln
- Löffel

Vorlage Seite 101

1 Zeichne das große und das kleine Herz mithilfe der Vorlage und einem Bleistift je zwei Mal auf den Filz. Schneide sie mit der Schere aus und stecke sie mit den Stecknadeln aufeinander.

2 Verknote das Ende eines 1 m langen Stücks Stickgarn. Stich mit der Sticknadel oben in der Mitte 0,5 cm vom Rand entfernt und von unten nach oben durch beide Filzteile.

3 Danach stichst du die Nadel mit etwas Abstand rechts davon von unten nach oben durch die Filzteile, legst den Faden unter die Nadelspitze und ziehst ihn anschließend durch. Dieser Stich heißt Schlingenstich und er wird von links nach rechts genäht (siehe dazu auch Seite 9).

4 Nähe den Schlingenstich um das ganze Herz. Bevor du das letzte Stück zunähst, füllst du zuerst mit dem Löffel den Lavendel und danach die Füllwatte hinein.

5 Klebe zum Schluss die Blüte, die Borte und die Strasssteine mit etwas Klebstoff auf das Filzherz. Möchtest du es aufhängen, verknotest du etwa 10 cm Stickgarn an den Enden und ziehst diese Schlinge oben durch die Mitte.

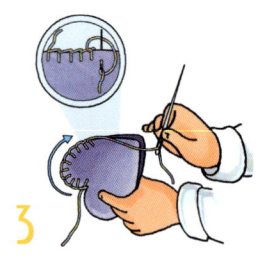

3

Tipp

Die Lavendelherzen sind prima für den Kleiderschrank. Motten mögen den Lavendelgeruch nämlich nicht. So bleiben die Lieblingsklamotten deiner Freundin unversehrt.

PUSTE-PAPIER

für Geschenke oder Grußkarten

1 Vermische einen Teil Farbe mit fünf Teilen Wasser in einem Schälchen. Einen Tropfen Farbe mit dem Pinsel aufnehmen und auf das Papier geben. Der Farbtropfen muss auf dem Papier stehen, damit er weggeblasen werden kann. Mit dem Trinkhalm sehr nahe an den Tropfen herangehen und kräftig in den Tropfen hineinblasen, sodass sich die Farbe sternförmig verteilt.

2 Gib die Farbe jedes Mal direkt vor dem Pusten auf das Papier, damit die Farbe nicht vom Papier aufgesogen wird. Hat sich die Farbe nach dem ersten Pusten nicht genug verteilt, gleich noch einmal einen Farbtropfen auf dieselbe Stelle geben und erneut kräftig blasen. Zwischendurch den Trinkhalm auf einem Papierküchentuch ausklopfen, da sich Speichel darin ansammelt.

3 Die Farbe trocknen lassen. Benutze das Papier als Geschenkpapier oder schneide ein Herz oder einen Stern daraus aus und klebe es auf eine bunte Karte.

DAS BRAUCHST DU

- Acrylfarbe in verschiedenen Farben
- Papier in Weiß oder Pastellfarben, A4 (für die Karten) und A3 (für das Geschenkpapier)
- Karten in Rot und Gelb, A4
- Trinkhalme
- Wasserschälchen

Vorlage Seite 100

BRIEFPAPIER

mit Liebe gestempelt

DAS BRAUCHST DU

- Rote Bete gekocht, ganz
- Küchenrolle oder Papier-taschentücher
- Messer
- Tonpapier in Hellgelb

1 Schneide eine Rote Bete in der Mitte durch und trockne sie mit Küchenpapier ab. Wenn du rohe Rote Bete hast, musst du sie 20 Minuten lang in Wasser kochen – wie Kartoffeln. Schneide von oben eine Form in die Schnittfläche, z. B. ein Herz oder einen Stern. Lass dir beim Schneiden und anschließendem Kochen von einem Erwachsenen helfen!

2 Schneide um deine Form herum vorsichtig alles weg, sodass nur noch deine Form übrig bleibt. Du kannst aber auch die ganze Knolle als Kreisform zum Drucken nehmen.

3 Wickle deinen „Stempel" so in Küchenkrepp, dass nur die Fläche zum Drucken herausschaut. Wähle einen Bogen Papier – für Briefpapier nimm DIN A4, für Geschenkpapier wähle einen größeren Bogen, je nachdem, wie groß dein Geschenk ist. Dann druckst du mit dem saftigen Rote-Bete-Stempel deine Form auf das Papier.

Tipp

Probiere deinen Stempel erst einmal aus, damit du weißt, wie fest du drücken musst. Du kannst mit einem Rote-Bete-Stempel ein ganzes DIN-A4-Blatt bedrucken. Die Rote Bete hat Farbe genug. Drucke die Formen etwas überlappend, das sieht besonders hübsch aus!

GLÜCKWUNSCHKARTEN

Pop-up!

HERZ

1 Falte die schmalen Seiten des weißen Tonpapiers aufeinander und streiche den Mittelfalz glatt, sodass eine Karte entsteht. Wenn du möchtest, schraffiere den rechten Teil der Karte mit einem rosa Buntstift, wie auf dem Foto.

2 Schneide nun in die zusammengelegte Karte vom Mittelfalz aus zwei Schlitze im Abstand von 3 cm hinein. Die Schnitte sollten auch 3 cm lang sein. Ziehe den herausgeschnittenen Teil vorsichtig mit den Fingern heraus.

3 Schneide das Herz aus gepunktetem Papier nach der Vorlage aus. Klebe es auf die vordere Seite des herausstehenden Teils.

4 Falte die schmalen Seiten des rosafarbenen Tonpapiers aufeinander und klebe die rosafarbene Karte auf die Außenseite der weißen Karte.

DAS BRAUCHST DU

- Tonpapier in Weiß, Rosa, Hell- und Dunkelgrün, DIN A5
- Tonpapierrest in Rot, Orange, Gelb, Pink, Dunkelgrün und bunt-gepunktet
- Buntstift, wasserlöslich
- Buntstift in Rosa
- Motivstanzer Blüte
- Flüssigkleber

Vorlage Seite 104

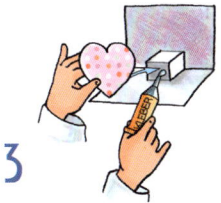

2   **3**

BLUMENWIESE

1 Bereite die Karte aus Hellgrünem Tonpapier genauso vor wie die Herzkarte.

2 Schneide aus dem dunkelgrünen Tonpapierrest vier unterschiedlich lange Streifen als Blumenstiele aus. Stanze aus den verschiedenfarbigen Tonpapierresten vier Blüten und klebe sie oben an die Blumenstiele. Jetzt klebst du die Blumen an die vordere Seite des herausstehenden Teils.

3 Klebe jetzt das in der Mitte gefaltete dunkelgrüne Tonpapier um die Außenseite der Karte. Fertig!

3

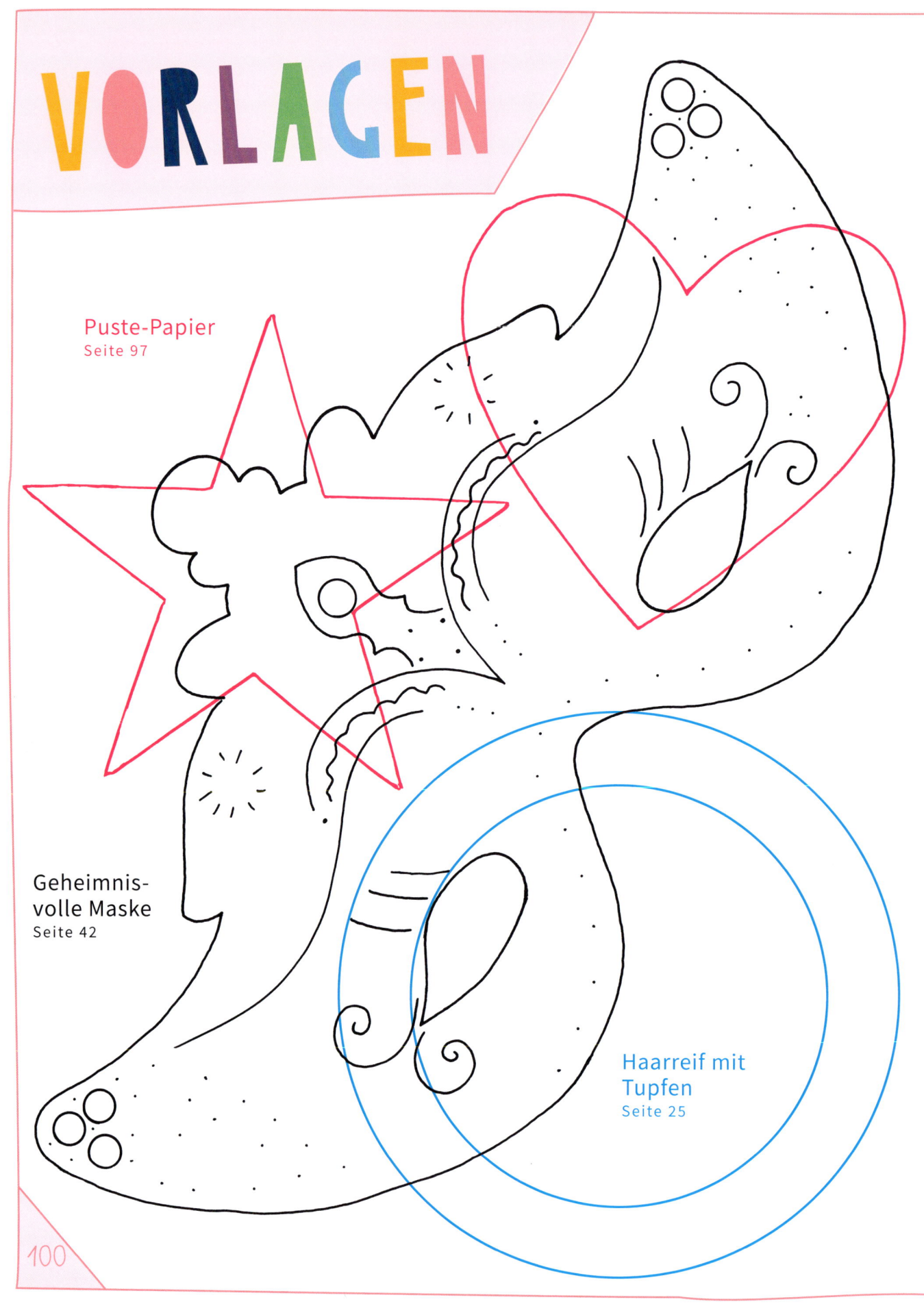

VORLAGEN

Puste-Papier
Seite 97

Geheimnis-
volle Maske
Seite 42

Haarreif mit
Tupfen
Seite 25

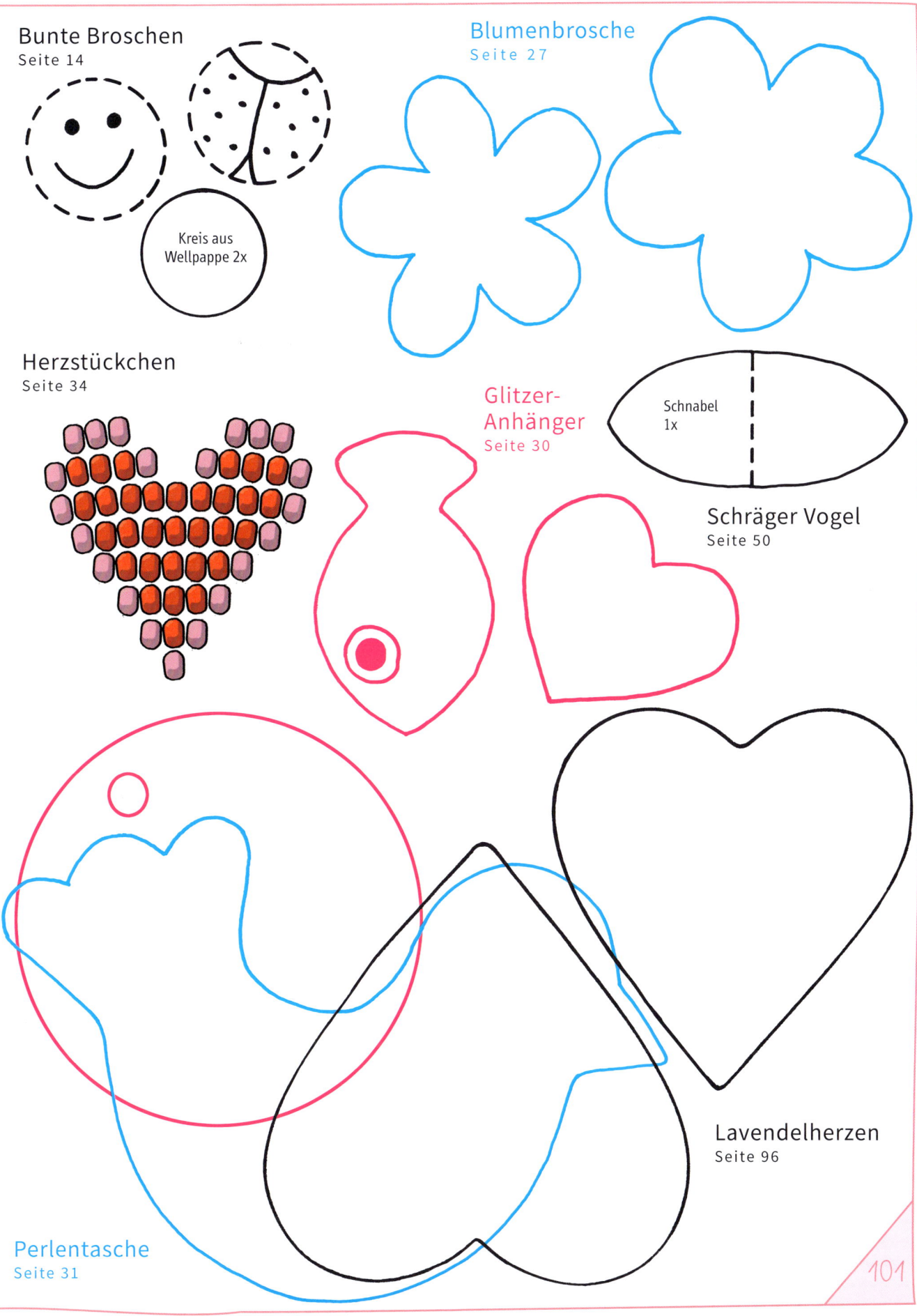

Bunte Broschen
Seite 14

Kreis aus
Wellpappe 2x

Blumenbrosche
Seite 27

Herzstückchen
Seite 34

Glitzer-
Anhänger
Seite 30

Schnabel
1x

Schräger Vogel
Seite 50

Lavendelherzen
Seite 96

Perlentasche
Seite 31

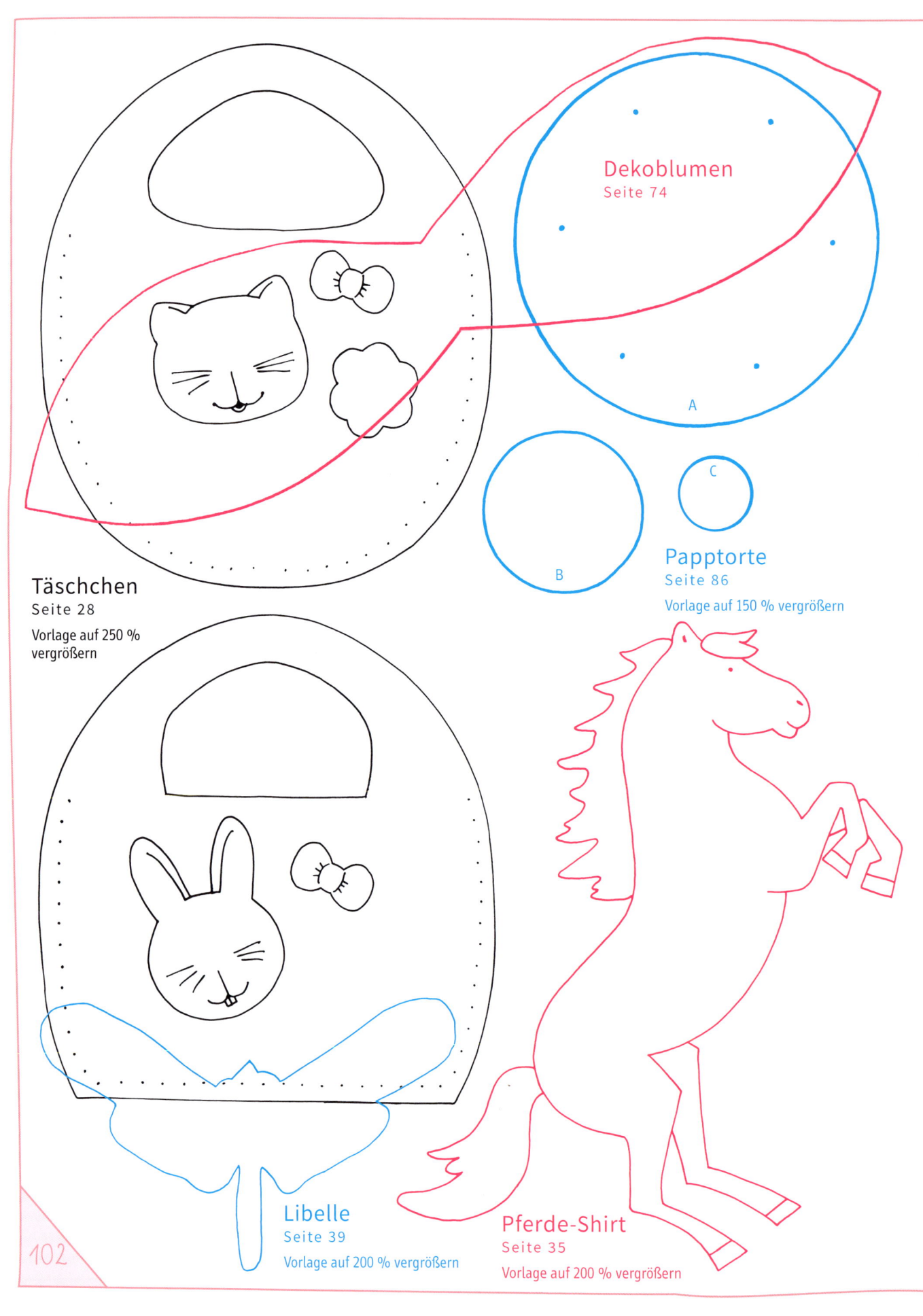

Dekoblumen
Seite 74

A

C

B

Papptorte
Seite 86
Vorlage auf 150 % vergrößern

Täschchen
Seite 28
Vorlage auf 250 % vergrößern

Libelle
Seite 39
Vorlage auf 200 % vergrößern

Pferde-Shirt
Seite 35
Vorlage auf 200 % vergrößern

Kleidchen
Seite 37
Vorlage auf 250 % vergrößern

Schmuck-
köpfchen
Seite 69
Vorlage auf
200 % vergrößern

Zwergenstübchen
Seite 46
Vorlage auf 200 % vergrößern

Kleine Meerjungfrau
Seite 40
Vorlage auf 150 % vergrößern

103

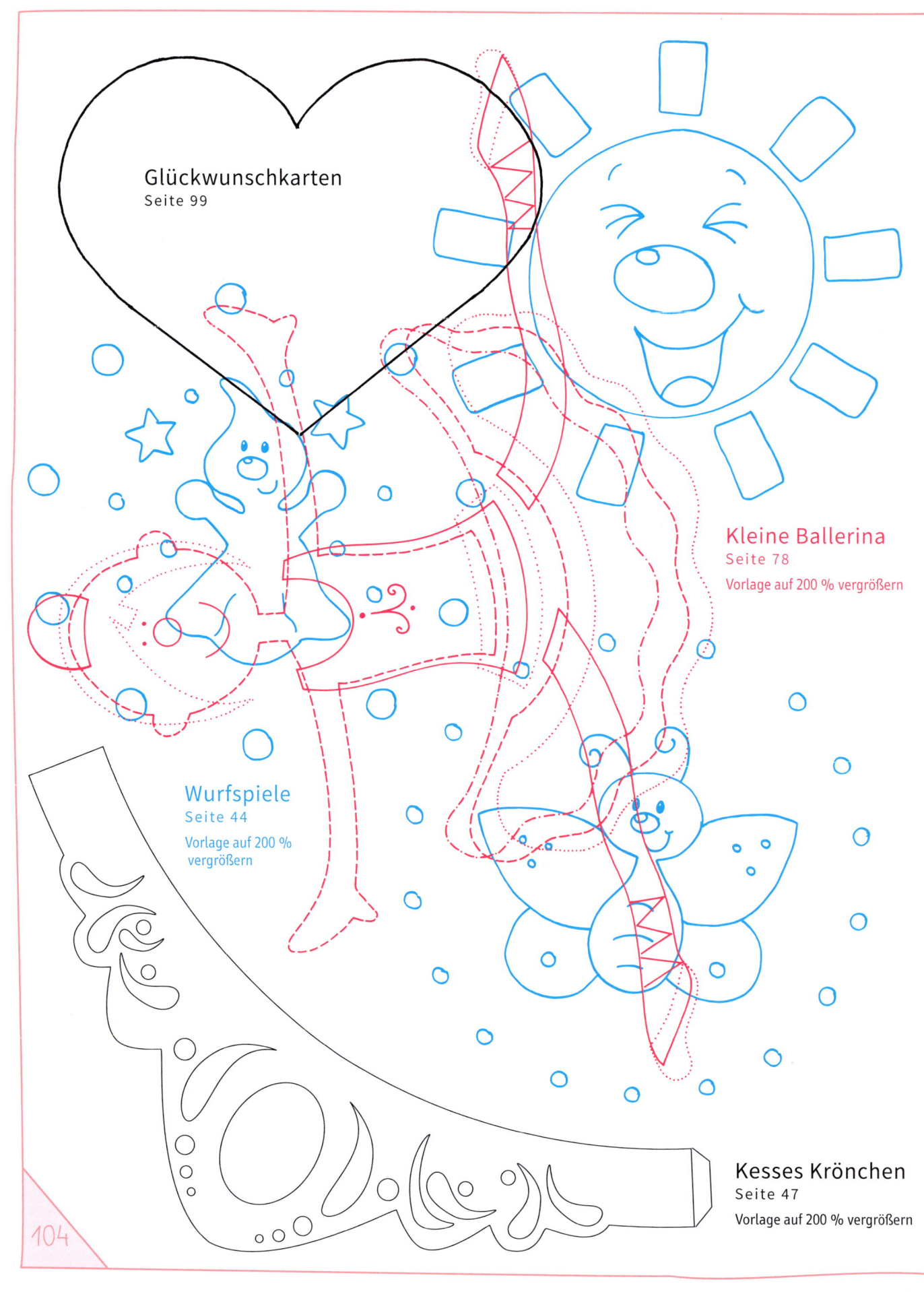

Glückwunschkarten
Seite 99

Kleine Ballerina
Seite 78
Vorlage auf 200 % vergrößern

Wurfspiele
Seite 44
Vorlage auf 200 %
vergrößern

Kesses Krönchen
Seite 47
Vorlage auf 200 % vergrößern

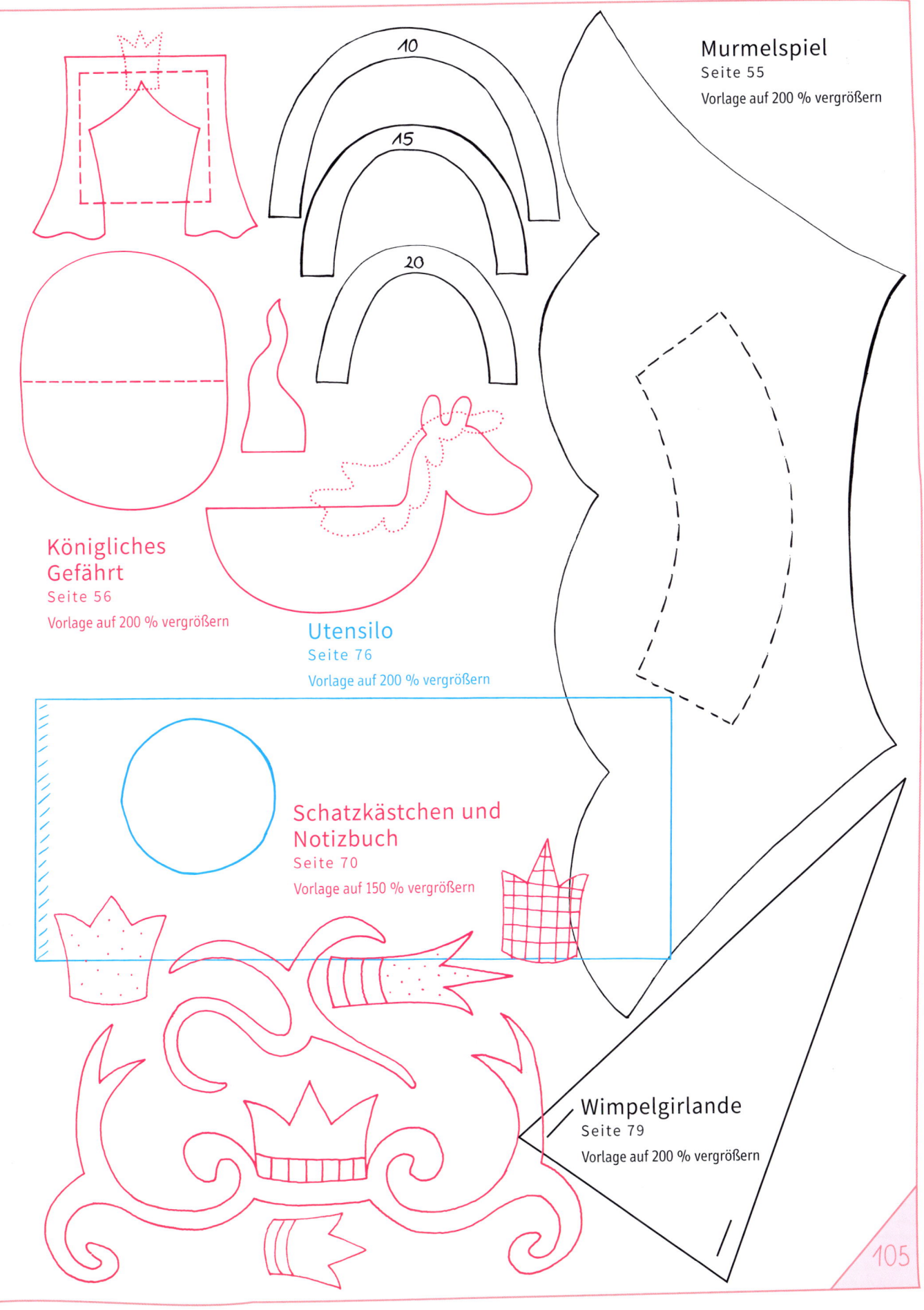

Murmelspiel
Seite 55
Vorlage auf 200 % vergrößern

10

15

20

Königliches
Gefährt
Seite 56
Vorlage auf 200 % vergrößern

Utensilo
Seite 76
Vorlage auf 200 % vergrößern

Schatzkästchen und
Notizbuch
Seite 70
Vorlage auf 150 % vergrößern

Wimpelgirlande
Seite 79
Vorlage auf 200 % vergrößern

105

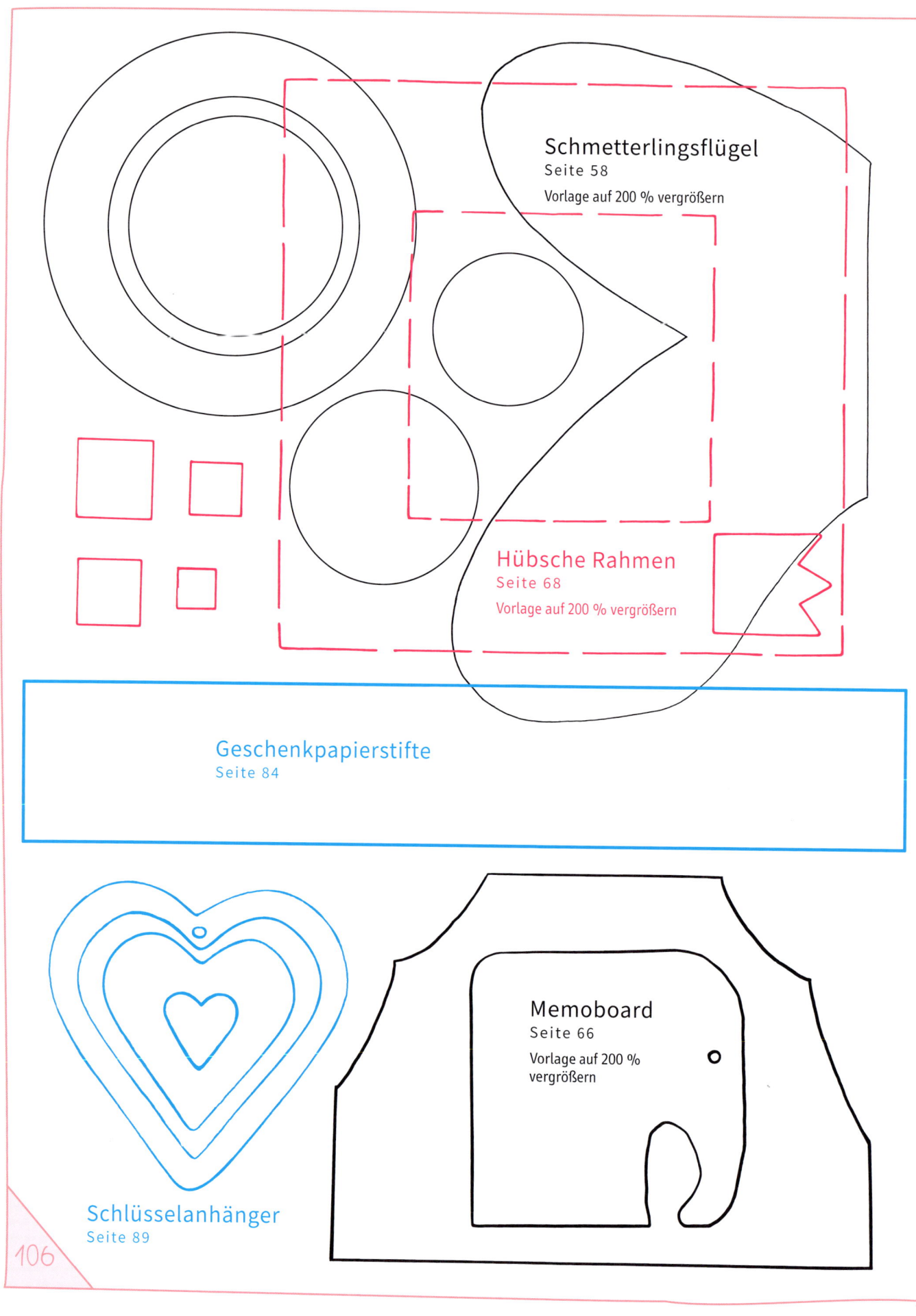

Schmetterlingsflügel
Seite 58

Vorlage auf 200 % vergrößern

Hübsche Rahmen
Seite 68

Vorlage auf 200 % vergrößern

Geschenkpapierstifte
Seite 84

Memoboard
Seite 66

Vorlage auf 200 %
vergrößern

Schlüsselanhänger
Seite 89

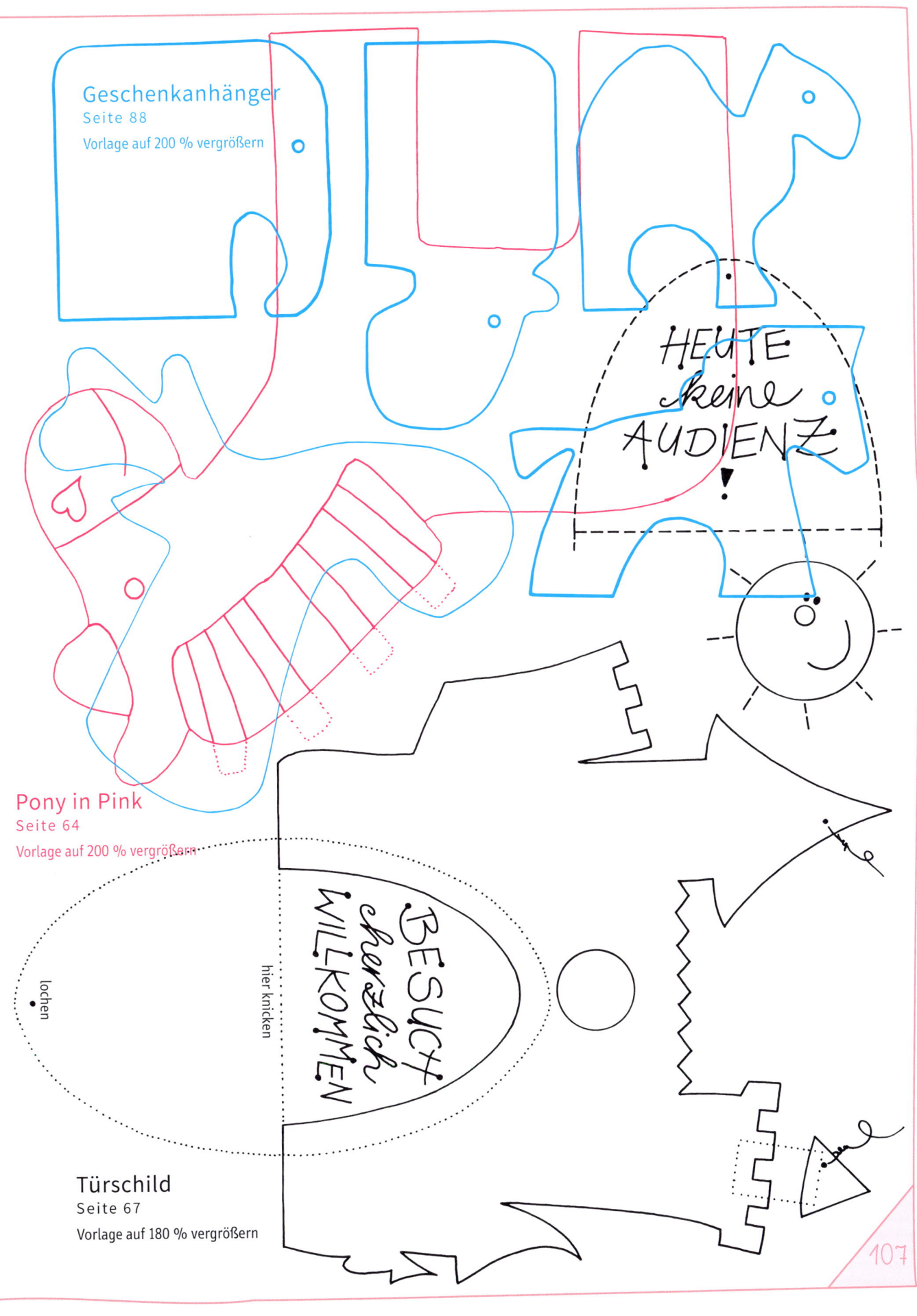

Geschenkanhänger
Seite 88
Vorlage auf 200 % vergrößern

Pony in Pink
Seite 64
Vorlage auf 200 % vergrößern

HEUTE keine AUDIENZ !

BESUCH herzlich WILLKOMMEN

lochen

hier knicken

Türschild
Seite 67
Vorlage auf 180 % vergrößern

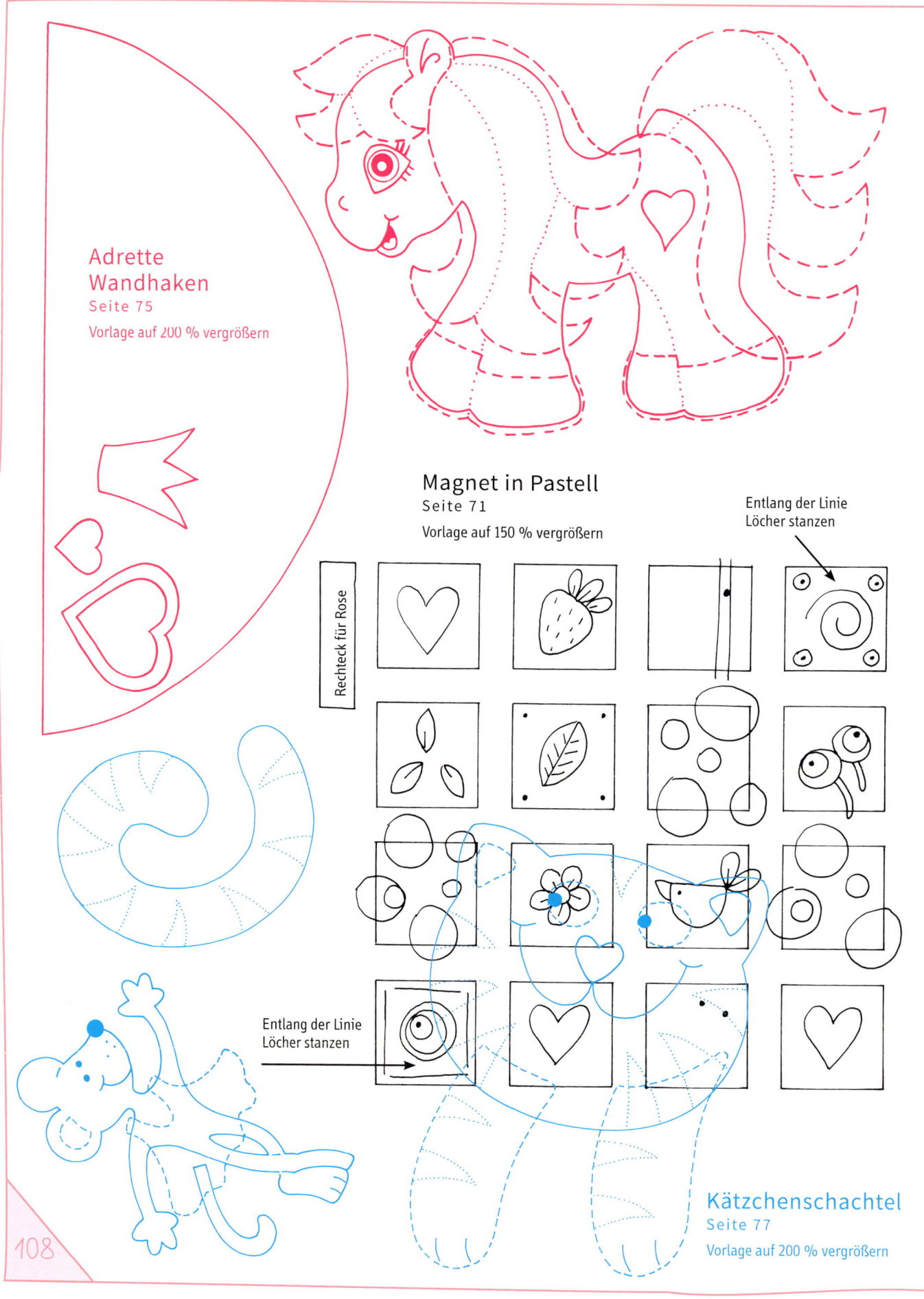

Adrette Wandhaken
Seite 75

Vorlage auf 200 % vergrößern

Magnet in Pastell
Seite 71

Vorlage auf 150 % vergrößern

Entlang der Linie
Löcher stanzen

Rechteck für Rose

Entlang der Linie
Löcher stanzen

Kätzchenschachtel
Seite 77

Vorlage auf 200 % vergrößern

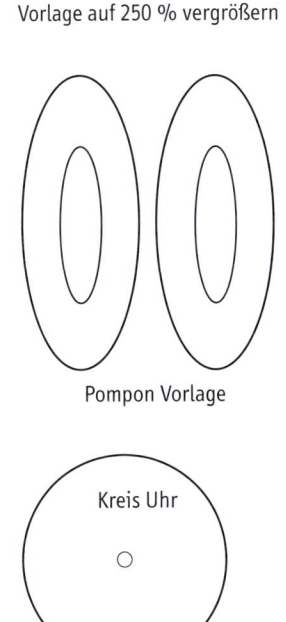

Muschelbilder
Seite 80
Vorlage auf 200 % vergrößern

Schächtelchen
Seite 90
Vorlage auf 200 % vergrößern

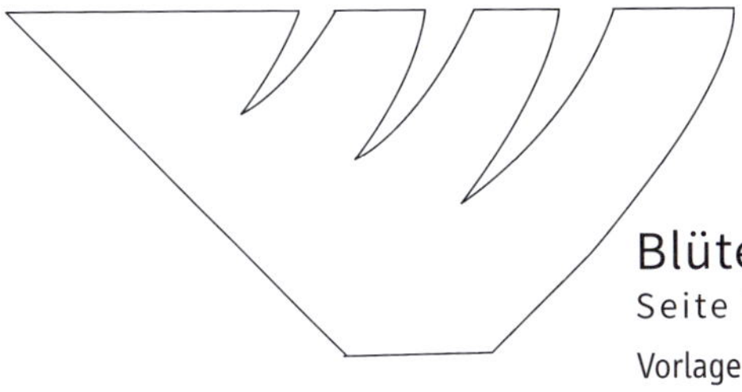

Blüten-Lichterkette
Seite 72
Vorlage auf 200 % vergrößern

Kuckucksuhr
Seite 82
Vorlage auf 250 % vergrößern

Kuck Kuck

12
1
2
3
4
5
6
7
8
9
10
11

Papierfläche

Papierfläche

Pompon Vorlage

Kreis Uhr

Buchtipps für dich

ISBN 978-3-7724-7955-7

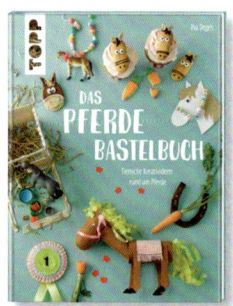

ISBN 978-3-7724-7954-0

ISBN 978-3-7724-7877-2

ISBN 978-3-7724-7499-6

ISBN 978-3-7724-7880-2

ISBN 978-3-7724-7801-7

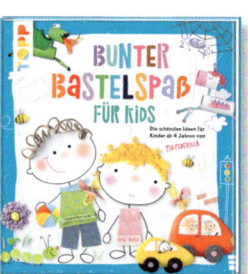

ISBN 978-3-7724-7875-8

ISBN 978-3-7724-7829-1

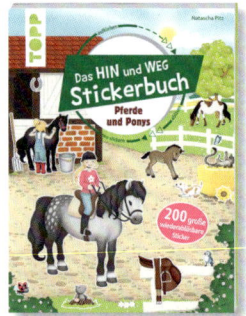

ISBN 978-3-7724-7843-7

ISBN 978-3-7724-7495-8

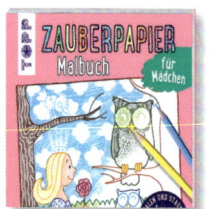

ISBN 978-3-7724-7493-4

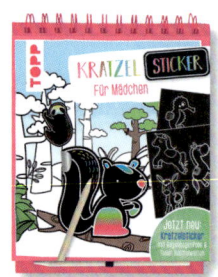

ISBN 978-3-7724-8428-5

Kreativ-Bücher findest du auf www.TOPP-kreativ.de

Weitere Ideen zum Selbermachen gesucht?

Lieblingsstücke von einfach bis einfach genial finden Sie bei TOPP! Lassen Sie sich auf unserer Verlagswebsite, per Newsletter oder in den sozialen Netzwerken von unserer Vielfalt inspirieren!

Website

Verlockend: Welcher Kreativratgeber soll es für Sie sein? Schauen Sie doch auf **www.TOPP-kreativ.de** vorbei & stöbern Sie durch die neusten Hits der Saison!

TOPP-Autoren

Sie wollen wissen, wer die „Macher" unserer Bücher sind? Wer Ihnen nützliche Tipps & Tricks gibt? Auf **www.TOPP-kreativ.de/Autor** warten jede Menge spannender Infos zum jeweiligen Autor auf Sie. Finden Sie heraus, welches Gesicht hinter Ihrem Lieblingsbuch steckt!

Facebook

Werden Sie Teil unserer Community & erhalten Sie brandaktuelle Informationen rund ums Handarbeiten auf **www.Facebook.com/Mitstrickzentrale** Wer sich für Basteln, Bauen, Verzieren & Dekorieren interessiert, ist auf **www.Facebook.com/Bastelzentrale** genau richtig!

Pinterest

Sie sind auf der Jagd nach den neusten Trends? Sie suchen die besten Kniffe? Die schönsten DIY-Ideen? All' das & noch vieles mehr gibt es von TOPP auf **www.Pinterest.com/Frechverlag**

Newsletter

Bunt, fröhlich & überraschend: Das ist der TOPP-Newsletter! Melden Sie sich unter: **www.TOPP-kreativ.de/Newsletter** an & wir halten Sie regelmäßig mit Tipps & Inspirationen über Ihr Lieblingshobby auf dem Laufenden!

Extras zum Download in der Digitalen Bibliothek

Viele unserer Bücher enthalten digitale Extras: Tutorial-Videos, Vorlagen zum Downloaden, Printables & vieles mehr. Dieses Buch auch? Dann schauen Sie im Impressum des Buches nach. Sofern ein Freischaltcode dort abgebildet ist, geben Sie diesen unter **www.TOPP-kreativ.de/DigiBib** ein. Nach erfolgreicher Registrierung erhalten Sie Zugang zur digitalen Bibliothek & können sofort loslegen.

YouTube

Sie wollen eine ganz neue Technik ausprobieren? Sie arbeiten an einem spannenden Projekt, aber wissen nicht weiter? Unsere Tutorials, Werbetrailer, Interviews & Making Of's auf **www.YouTube.com/Frechverlag** helfen Ihnen garantiert dabei, den passenden Ratgeber von TOPP zu finden.

Instagram

Sie sind auf Instagram unterwegs? Super, TOPP auch. Folgen Sie uns! Sie finden uns auf **www.Instagram.com/Frechverlag** Möchten Sie uns an Ihrem Lieblingsprojekt teilhaben lassen? Am besten posten Sie gleich ein Foto mit dem Hashtag **#frechverlag** & wir stellen Ihr Werk gerne unserer Community vor – yeah!

Alles in einer Hand gibt's hier:

Unser Service für Sie:

Wenn Sie Fragen zu den Anleitungen in diesem Buch haben,
schreiben Sie einfach eine E-Mail an: mail@kreativ-service.info.
Wir helfen Ihnen gerne weiter.

IMPRESSUM

MODELLE UND ARBEITSSCHRITTBILDER: Ina Andresen (S. 27, 37); Christine Bietz (S. 98); Sandra Catherine Breiter (S. 82/83); Pia Deges (S. 21, 43, 46, 58, 59, 74, 84); Anna-Magdalena Falcone (S. 79); Ute Fischer (S. 25, 38, 96); Annett Giebichenstein (S. 66, 88); Claudia Guther (S. 39); Helga Holzhauer (S. 40); Alice Hörnecke (S. 87); Birgit Kaufmann (S. 15, 30, 53, 54/55, 60, 76, 89, 92); Angelika Kipp (S. 75); Sabine Koch (S. 18/19, 22-24, 26, 34, 62/63, 81, 85, 95); Pascale Lamm (S. 48/49); Bianka Langnickel/Franziska Heidenreich (S. 47); Kornelia Milan (S. 44/45, 51, 52); Pia Pedevilla (S. 71, 77); Anja Ritterhoff (S. 42, 70); Gudrun Schmitt (S. 36, 61, 80, 98); Eva Sommer (S. 10/11, 13, 16/17, 20, 31-33, 35, 97); Christiane Steffan (S. 56/57, 67, 69, 78); Arnim Täubner (S. 72/73, 93); Gudrun Thiele (S. 28/29, 68, 90/91); Inge Walz (S. 12); Tanja Wechs (S. 94); Susanne Weidmann (S. 64/65); Susanne Wicke (S. 41, 50, 99); Ingrid Wurst (S. 14, 86, 99)
FOTOS: frechverlag GmbH, 7 0499 Stuttgart; lichtpunkt, Michael Ruder, Stuttgart (S. 10-13, 15-30, 32-41, 43-63, 66-69, 71-85, 87-96, 98); Andre Köhl (S. 64/65); Lichtblick, Studio für Werbefotografie GmbH (S. 31); Fotostudio Ulrich & Co., Renningen (S. 14, 42, 70, 86, 97)
SCHRITTILLUSTRATIONEN: Ursula Schwab (außer S. 73 Armin Täubner)
PRODUKTMANAGEMENT UND LEKTORAT: Janina Dieckmann
LAYOUT UND SATZ: Eva Grimme
DRUCK UND BINDUNG: Neografia, Slowakei

1. Auflage 2019
© 2019 frechverlag GmbH, Turbinenstraße 7, 70499 Stuttgart

ISBN 978-3-7724-8421-6
Best.-Nr. 8421